普通高等教育"十二五"规划教材

金融
基本技能与实训

>>>>>>>> 尤婷婷　杨荣华　主编
>>>>>>>> 崔立群　辛　健　蔡　璐　副主编

JINRONG
JIBEN JINENG
YU SHIXUN

化学工业出版社
·北京·

本书作者在对金融行业企业进行广泛调研的基础上，严格遵循职业岗位的特点，按照"理实一体化"理念，坚持"理论适度、注重实践"和"教、学、做"相结合等原则，结合金融从业岗位对专业人才的知识要求、技能要求，参考银行专家的建议，将《金融基本技能与实训》学习内容概括为七大主要项目，即数字书写、点钞技能、计算器的使用与传票、现金业务操作、票币兑换与计算技能、利息计算以及会计资料的整理。

本书可作为高职高专院校与应用型本科院校金融、银行、会计类专业学生选用，也可作为银行、证券公司及相关的金融机构人员的培训教材及参考读物。

图书在版编目（CIP）数据

金融基本技能与实训/尤婷婷，杨荣华主编. —北京：化学工业出版社，2015.3（2020.5重印）
ISBN 978-7-122-22843-7

Ⅰ.①金⋯　Ⅱ.①尤⋯②杨⋯　Ⅲ.①金融学-高等职业教育-教材　Ⅳ.①F830

中国版本图书馆CIP数据核字（2015）第027701号

责任编辑：蔡洪伟　　　　　　　　　　　装帧设计：史利平
责任校对：边　涛

出版发行：化学工业出版社（北京市东城区青年湖南街13号　邮政编码100011）
印　　装：三河市延风印装有限公司
787mm×1092mm　1/16　印张11¼　字数271千字　2020年5月北京第1版第5次印刷

购书咨询：010-64518888　　　　　　　　售后服务：010-64518899
网　　址：http://www.cip.com.cn
凡购买本书，如有缺损质量问题，本社销售中心负责调换。

定　价：26.00元　　　　　　　　　　　　　　　　版权所有　违者必究

前　言

近几年，我国高等职业教育有了很大的发展，出台了一系列的政策措施。十八大报告中的"加快发展现代职业教育"，"现代"两字的加入，赋予了职业教育改革发展新的目标和内涵。职业教育机构应该转变教育理念学科设置、人才培养目标要同市场"零距离"对接，真正把人才培养和社会需要结合起来。

按照十八大精神和职业教育人才培养目标的要求，针对职业教育的培养对象，结合金融类专业对相关财经岗位基本技能的要求，遵循"理论知识够用、重在技能和动手能力培养"的原则，编写了这本《金融基本技能与实训》教材。本教材在对金融行业企业进行广泛调研的基础上，严格遵循职业教育的特点，按照"理实一体化"的理念，坚持"理论适度、注重实践"和"教、学、做"相结合等原则，结合金融从业岗位对专业人才的知识要求、技能要求，参考银行专家的建议，将《金融基本技能与实训》学习内容概括为七大主要项目，即数字书写、点钞技能、计算器的使用与传票、现金业务操作、票币兑换与计算技能、利息计算以及会计资料的整理。本教材具有以下特色。一是项目导向、任务驱动。以银行实际的岗位技能作为项目，以完成项目的典型工作过程作为任务，让学生在完成工作任务中学习知识，训练技能。二是内容适用、突出能力。注重内容的实用性和针对性，突出了教材的易读、易理解、易操作性。三是实例引入、学做合一。每个项目以实例展开并贯穿于整个项目之中，打破职业教育教学长期以来理论与实践二元分离的局面，实现理论与实践一体化教学。

本教材由尤婷婷、杨荣华任主编，由崔立群、辛健、蔡璐任副主编。全书共分七个项目，其中尤婷婷编写项目一、项目四；杨荣华编写项目二、项目三；崔立群编写项目五、项目六；辛健和蔡璐编写项目七及附录，徐雨光、戴晓冬参与了本书部分内容的编写和资料整理工作。全书由尤婷婷负责拟订编写大纲及总纂。

本书在编写过程中参考和借鉴了一些专家和学者的研究成果，在此一并表示感谢。由于编者水平所限，书中如有不足之处敬请读者批评指正，以便修订时改进。

编者

2015 年 1 月

目录 CONTENTS

金融基本技能与实训
JINRONG JIBEN JINENG YU SHIXUN

项目一 金融岗位数字书写技能

学习任务一 中文数字书写 ·· 1
    教学活动1 中文大写数字的书写与使用规范 ········ 1
    教学活动2 中文小写数字的书写 ······················ 5
学习任务二 阿拉伯数字的书写 ································ 5
    教学活动 阿拉伯数字的书写与使用规范 ············ 6

项目二 点钞技能

学习任务一 点钞的基本知识 ···································· 11
    教学活动 点钞的内容与基本程序 ······················ 11
学习任务二 手工点钞技术 ·· 15
    教学活动1 手持式单指单张点钞法 ···················· 15
    教学活动2 单指多张点钞技术 ·························· 18
    教学活动3 四指四张点钞技术 ·························· 19
    教学活动4 五指拨动点钞技术 ·························· 22
    教学活动5 扇面点钞技术 ································ 22
学习任务三 钞票的平摊整理和扎把 ·························· 25
    教学活动1 钞票平摊整理和扎把的相关理论 ······ 25
    教学活动2 钞票扎把的方法和流程 ···················· 26
学习任务四 手工工具清点硬币技术 ·························· 30
    教学活动1 手工清点硬币技术 ·························· 30
    教学活动2 工具清点硬币技术 ·························· 31
学习任务五 机器点钞技术 ·· 34
    教学活动1 机器点钞技术的相关理论和准备工作 ·· 34
    教学活动2 机器点钞技术的操作流程 ················ 36
学习任务六 票币整点业务 ·· 38
    教学活动 票币整点业务操作 ···························· 39

项目三 计算器的使用与传票

学习任务一 电子计算器简介 ···································· 43

教学活动　计算器的功能和使用方法 ··· 43
学习任务二　计算器操作指法 ··· 47
　　教学活动　计算器的操作知识与指法 ··· 47
学习任务三　计算器计算账表和传票 ··· 52
　　教学活动1　计算器的账表算 ·· 53
　　教学活动2　计算器的传票算 ·· 62

项目四　现金业务操作技能

学习任务一　现金收付款业务的相关规定 ······································· 72
　　教学活动　现金收付款业务的相关规定 ······································· 72
学习任务二　现金收款业务操作 ··· 78
　　教学活动　现金收款业务的操作流程 ··· 78
学习任务三　现金付款业务操作 ··· 82
　　教学活动　现金付款业务的操作流程 ··· 82
学习任务四　真假人民币鉴别与防伪知识 ······································· 85
　　教学活动1　人民币的相关知识 ·· 85
　　教学活动2　1999年版第五套人民币防伪特征分析 ··························· 90
　　教学活动3　2005年版第五套人民币防伪特征分析 ··························· 96
　　教学活动4　假币的鉴别和处理 ·· 102

项目五　票币兑换与计算

学习任务一　票币兑换业务 ··· 112
　　教学活动　票币兑换的相关知识 ·· 112
学习任务二　票币计算技能 ··· 117
　　教学活动　票币计算方法 ·· 117

项目六　利息计算

学习任务一　利息计算的基本常识 ·· 132
　　教学活动　存贷款计息的基础知识 ·· 132
学习任务二　积数计息法 ·· 135
　　教学活动　积数计息法 ··· 135
学习任务三　逐笔计息法 ·· 139
　　教学活动　逐笔计息法 ··· 140
学习任务四　零存整取利息计算 ·· 141
　　教学活动　零存整取存款的计息 ·· 141

项目七　会计资料的整理技能

学习任务一　会计凭证的整理与归档 ································· 165
　教学活动　会计凭证的整理、装订和归档 ····························· 165
学习任务二　会计账簿的整理与归档 ································· 169
　教学活动　会计账簿的整理与归档 ····································· 169
学习任务三　财务报告及其他会计资料的整理与归档 ············· 170
　教学活动　财务报告及其他会计资料的整理与归档 ················· 170

附录

参考文献

项目一
金融岗位数字书写技能

学习目标

◇ 熟知中文数字及阿拉伯数字的书写规定。
◇ 掌握中文数字及阿拉伯数字的规范写法。
◇ 掌握金融技能岗位涉及的各种单证的填制办法。

技能目标

◇ 能正确填写各种有价单证。
◇ 能每分钟规范化书写 100 个阿拉伯数字。

学习任务一 中文数字书写

学生的任务

◇ 要求学生掌握中文大、小写数字的书写规范。
◇ 要求学生能动手正确书写大写数字。
◇ 要求学生能用大写数字完成相关的凭证填制。

教师的任务

◇ 讲解大写数字的书写规范等主要知识点。
◇ 指导学生进行大写数字的书写。
◇ 指导学生完成活动练习。

 教学活动 1　中文大写数字的书写与使用规范

活动目标

熟知金融岗位大写数字的内容和书写规范。

> 知识准备

一、中文数字正确书写的意义

数字书写是计算工作的重要组成部分，同时也是经济工作者，特别是财会、计统和企管工作人员的一项基本技能，因此，数字书写的正确与否将直接影响工作效率的准确度。

银行是金融企业、是国民经济的综合部门，担负全社会总会计、总出纳的任务。银行每日处理千百万笔业务，办理大量的资金收付工作，所有这些工作，都有一个计算问题，这就说明银行工作和计算的关系十分密切，离开了计算银行工作就寸步难行，而数字书写，则是计算工作不可分割的一部分。

数字是计算的前提，一切计算的过程和结果都要通过数字表示和反映，也就是说任何一次计算都是通过数字符号作为载体传递计算信息的，没有数字，计算就无法进行。而且，数字书写正确与否是计算工作得出正确结果的前提，是一切计算结果的保证，它直接影响计算资料的准确性和反映情况的真实性。因此，要认真地练好数字书写，使其字体写得正确、整齐、清晰、流畅、大方。

目前，财会工作中常用的数字有两种：一种是中文大写数字，主要用于填写需要防止涂改的信用凭证，支票等有价单据；另一种是阿拉伯数字书写，主要用于凭证、账簿、报表的书写。

二、中文大写数字

中文大写数字金额一律用正楷或行书书写。由数字和数位组成，正确写法如下。

数字：零、壹、贰、叁、肆、伍、陆、柒、捌、玖。

数位：拾、佰、仟、万、亿、角、分、元等。

中文大写数字的特点是，笔画多，写起来费时又费事，但不易涂改。主要用于填写需要防止涂改的各种凭证和经济合同。如收据、借据、发货票、支票、汇票、合同书等。

三、中文大写数字书写的有关规定

1. 标明"人民币"等字样

中文大写金额数字前标明"人民币"等字样，且其与首个金额数字之间不留空白，数字之间更不能留空白，写数与读数顺序要求一致。如果未印货币名称（一般是"人民币"），应当加填货币名称。若为外币须冠外币名称，如美元、欧元、日元等。

例如：

① 如￥58.26，写作：人民币伍拾捌元贰角陆分。

② 如￥2,000，写作：人民币贰仟元整。

2. "整"字的用法

（1）中文大写金额数字到"元"为止没有角分时，应当写"整"字。

如￥580，写作：人民币伍佰捌拾叁元整。

（2）有角分时，不能再写"整"字。如￥482.86，写作：人民币肆佰捌拾贰元捌角陆分。

3. 有关"零"字的用法

中文数码（阿拉伯）金额数字中间连续有几个"0"时，中文大写金额数字中间可以只写一个"零"字,数字中有"0"时,中文大写金额应根据"0"所在的位置,按照汉语语言规律、金额数字构成和防止涂改的要求进行书写。具体如下。

(1) 数字中间有"0"时,中文大写金额要写"零"字。如￥308.76,中文大写金额应写为:人民币叁佰零捌元柒角陆分。

(2) 数字中间有连续几个"0"时,中文大写金额可以只写一个"零"字,读时也只读一个零。如￥50,008.56,中文大写为:人民币伍万零捌元伍角陆分。

(3) 数字金额角位是"0",而分位不是"0"时,中文大写金额元字后面应写"零"字,如￥79.08,中文大写为:人民币柒拾玖元零捌分。

(4) 数字万位或元位是"0",或者数字中间连续有几个"0",万位、元位也是"0",但是千位、角位不是"0"时,中文大写金额可以写一个零字,也可以不写"零"字。如,￥32,580.24,中文大写为:人民币叁万贰仟伍佰捌拾元贰角肆分,或者大写为:人民币叁万贰仟伍佰捌拾元零贰角肆分;又如,￥7,907,321.00,中文大写为:人民币柒佰玖拾万柒仟叁佰贰拾壹元整,或者大写为人民币柒佰玖拾万零柒仟叁佰贰拾壹元整。

4. 有关"壹"字的用法

关于壹拾几的"壹"字,在书写中文大写金额数字时不能遗漏。平时口语习惯说"拾几"、"拾几万",但"拾"字在中文大写时只代表数位,不是数字。根据中文大写要求每笔金额必须由数字和数位两要素组成,将"壹"字去掉就意味着带有"壹"字这笔金额出现错误。如￥18.00,正确书写为人民币壹拾捌元整。如果丢掉壹字只写拾捌元整,这是不正确的,很容易被涂改。例如16.32,写作:壹拾陆元叁角贰分,而不是拾陆元叁角贰分。再如,￥150,000,正确书写为人民币壹拾伍万元整。

5. 表示数位的文字(拾、佰、仟、万、亿)前必须有数字

6. 大写数字不能漏写或错写

一笔金额无论写错一个或几个字,都不能在原来的数字上更改,必须重新填写。

7. 关于票据的出票日期的填写

票据的出票日期必须使用中文大写。

为了防止变造票据的出票日期,在填写月、日时,月为壹、贰和壹拾的,日为壹至玖和壹拾、贰拾、叁拾的,应在其前加"零";日为拾壹至拾玖的,应在其前加"壹"。如2月16日,应写成零贰月壹拾陆日;又如10月9日,应写成零壹拾月零玖日。

实训案例

中文大写数字的应用:中兴公司于2014年1月15日开出转账支票1张(图1-1),金额￥1,107,800元。

活动练习

一、判断(在正确的下边打√,错误的打×)

1. ￥2,000

人民币贰仟元整　　　　　　人民币　贰仟元整

2. 1月15日

▲零壹月壹拾伍日(　)　　▲一月十五日(　)　　▲壹月壹拾伍日(　)

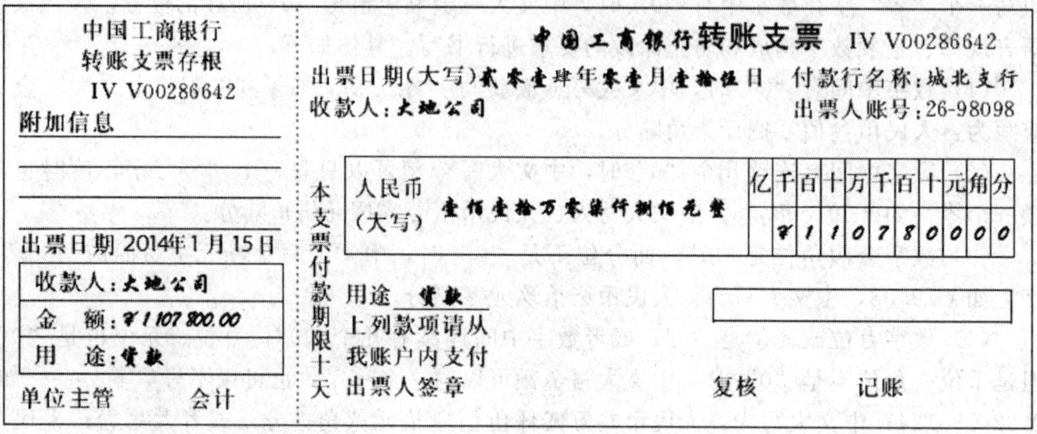
中国工商银行
转账支票存根
IV V00286642
附加信息

出票日期 2014年1月15日
收款人：大地公司
金　额：¥1107800.00
用　途：货款
单位主管　　会计

中国工商银行转账支票　IV V00286642
出票日期（大写）贰零壹肆年零壹月壹拾伍日　付款行名称：城北支行
收款人：大地公司　出票人账号：26-98098
本支票付款期限十天
人民币（大写）壹佰壹拾万零柒仟捌佰元整
亿 千 百 十 万 千 百 十 元 角 分
¥ 1 1 0 7 8 0 0 0 0
用途 货款
上列款项请从
我账户内支付
出票人签章　复核　记账

图 1-1

3. 壶（　）　式（　）参（　）肆（　）伍（　）陆（　）染（　）
扒（　）　攻（　）十（　）零（　）伯（　）仟（　）万（　）

二、请纠正书写下列大写金额

数码金额	错误写法	正确写法
¥2,000.00	人民币：贰仟元整	
¥104,000.00	人民币拾万零肆仟元整	
¥60,085,000.00	人民币陆仟万零捌万伍仟元整	
¥9,700,000.54	人民币玖佰柒拾万零伍角肆分	

三、将阿拉伯数字写成中文大写数字

（1）¥28,703.49　　应写成__________
（2）¥160,000.00　　应写成__________
（3）¥580.20　　应写成__________
（4）¥3,000,070.10　　应写成__________
（5）¥60, 104.09　　应写成__________
（6）¥109,080.80　　应写成__________
（7）¥206,054.03　　应写成__________
（8）¥80,001.20　　应写成__________
（9）¥76,003,000.00　　应写成__________
（10）¥96,274.58　　应写成__________

四、中文大写数字书写练习

零							零						
壹							壹						
贰							贰						
叁							叁						
肆							肆						
伍							伍						
陆							陆						
柒							柒						
捌							捌						

续表

玖						玖					
拾						拾					
佰						佰					
仟						仟					
万						万					
亿						亿					
元						元					
角						角					
分						分					
整						整					

教学活动 2　中文小写数字的书写

活动目标

熟知金融岗位及小写数字的内容和书写规范。

知识准备

中文小写数字书写规范。

数字有：〇、一、二、三、四、五、六、七、八、九。数位词有：个、十、百、千、万、亿等。中文小写数字特点是，笔画较少，便于书写，但易于被篡改；多用于无需用防止篡改的文字，如计划总结、请示报告等。

活动练习

练习中文小写数字的书写。

￥923,637.94	
￥58,219.07	
￥8,306.92	
￥69,218.00	
￥6,835.47	
￥35,284.90	
2014.4.17	
2012.11.5	
2013.6.23	
2012.2.2	

学习任务二
阿拉伯数字的书写

学生的任务

◇ 要求学生掌握阿拉伯数字的书写规范。

◇ 要求学生能动手正确书写阿拉伯数字。
◇ 要求学生能用小阿拉伯数字完成相关的凭证填制。

教师的任务

◇ 讲解阿拉伯数字的书写规范等主要知识点。
◇ 指导学生进行阿拉伯数字的书写。
◇ 指导学生完成活动练习。

教学活动　阿拉伯数字的书写与使用规范

活动目标

熟知金融岗位及阿拉伯数字的内容和书写规范。

知识准备

阿拉伯数字是印度人创造的。8世纪传入阿拉伯后又传到欧洲，因此，习惯称"阿拉伯数字"。由于它笔画简单，字数少，不用数位词就可以表示大小不同的数字，人们乐于使用它，很快传遍了世界各地，后来人们称阿拉伯数字为"公用数字"，公元十三四世纪传入中国。

一、阿拉伯数字书写的有关规定

1. 书写与数位相结合

写数时，每一个数字都要占有一个位置，每一个位置表示各种不同的单位。数字所在位置表示的单位，称为"数位"。数位按个、十、百、千、万的顺序，是由小到大，从右到左排列的，但写数和读数的习惯顺序，都是由大到小，从左到右的。我国的数位排列如下表中所示。

数位	万万万位	千万万位	百万万位	十万万位	万万位	千万位	百万位	十万位	万位	千位	百位	十位	个位	十分位	百分位	千分位	万分位	十万分位	百万分位
读法	兆	千亿	百亿	十亿	亿	千万	百万	十万	万	千	百	十	个	分	厘	毫	丝	忽	微

阿拉伯数字在书写时，是与数位结合在一起的。书写的顺序是由高位到低位、从左到右依次写出各位数字。例如：贰佰叁拾壹应写为231。

2. 采用三位分节制

使用分节号能够较容易地辨认数的数位，有利于数字的书写、阅读和计算工作。

数字的整数部分，采用国际通用的"三位分节制"，从个位向左每三位数用分节号","分开。例如：

| 千万万位 | 百万万位 | 十万万位 | 万万位 | 千位 | 百位 | 十位 | 个位 |

2　4，0　3　0，0　0　0

带小数点的数，应将小数点记在个位与十分位之间的下方。

千位	百位	十位	个位	十分位	百分位
2，	4	0	7.	8	7

一般账表凭证的金额栏印有分位格，元位前每三位印一粗线代表分节号，元位与角位之间的粗线则代表小数点，记数时不要再另加分节号或小数点。

3. 关于人民币符号"￥"的使用

在填制凭证时，小写金额前一般均冠以人民币符号"￥"，"￥"是拼音文字"YUAN"元的缩写，"￥"既代表了人民币的币制，又表示了人民币"元"的单位。所以小写金额前填写"￥"以后，数字后就不要再写"元"了，例如，￥8，200.05就已经表示了人民币捌仟贰佰元零伍分。书写时在"￥"与数字之间，不能有空位，以防止金额数字被人涂改。

在登记账簿、编制报表时，不能使用"￥"符号，因为账簿、报表上，一般情况下，不存在金额数字被涂改而造成损失的情况。在账簿或报表上如果使用"￥"符号，反而会增加错误的可能性。

二、账表凭证上的书写要求

在有金额分位格的账表凭证上，主要是在账簿上，阿拉伯数字的书写，结合记账规则的需要，有其特定的要求。

1. 规范化写法（图1-2）

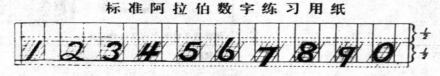

图1-2

2. 书写要求

（1）数字书写是自上而下、先左后右，要一个一个认真书写，书写时，弯笔要柔软，直笔要有劲，字迹要清晰，位次要整齐，数字之间不能连笔。

（2）数字要有一定的向右倾斜度，与底边构成的倾斜角为55°～60°，字形要一致，流利美观。

（3）高度以账表格的二分之一为准。

（4）除"7"和"9"上低下半格的四分之一，下伸次行上半格的四分之一外，其他数字都要靠在底线上；"6"字竖上伸至上半格的四分之一处；"0"字不要有缺口，更不能带尾巴；"4"字顶即不封口。

（5）从最高位起，以后各格必须写完，没有数字用"0"添位。如人民币叁仟贰佰元整，应写成见表1-1的形式。

表 1-1

万万	千万	百万	十万	万	千	百	十	元	角	分
				¥	3	2	0	0	0	0

（6）书写阿拉伯数字时，要特别注意分清小数点和分节号的写法。分节号手写时用逗号","如同"八"字的左撇；小数点手写时用一个圆点"."，如同八字的右捺，两者不能混淆，小数点向右点，分节号向左撇，小数点右无论有多少位都不准用分节号。

实训案例

富滇银行业务委托书的填写（图1-3）

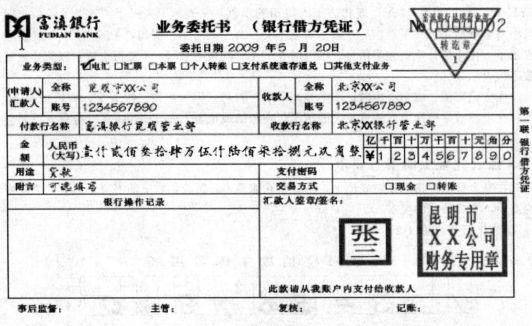

图 1-3

活动练习

一、将下列中文大写数字写成阿拉伯数字

（1）人民币贰拾柒元伍角肆分　　　　　应写成_____

（2）人民币伍仟贰佰万零陆仟玖佰柒拾捌元整　应写成_____

（3）人民币叁仟万零贰拾元整　　　　　应写成_____

（4）人民币壹拾玖万零贰拾叁元整　　　应写成_____

（5）人民币玖角捌分　　　　　　　　　应写成_____

（6）人民币柒万肆仟伍佰零贰元捌角陆分　应写成_____

（7）人民币玖仟叁佰元零伍角整　　　　应写成_____

（8）人民币贰拾肆万零捌佰零壹元零玖分　应写成_____

（9）人民币壹拾万元整　　　　　　　　应写成_____

（10）人民币陆佰万元零柒分　　　　　　应写成_____

二、规范化的阿拉伯数字书写

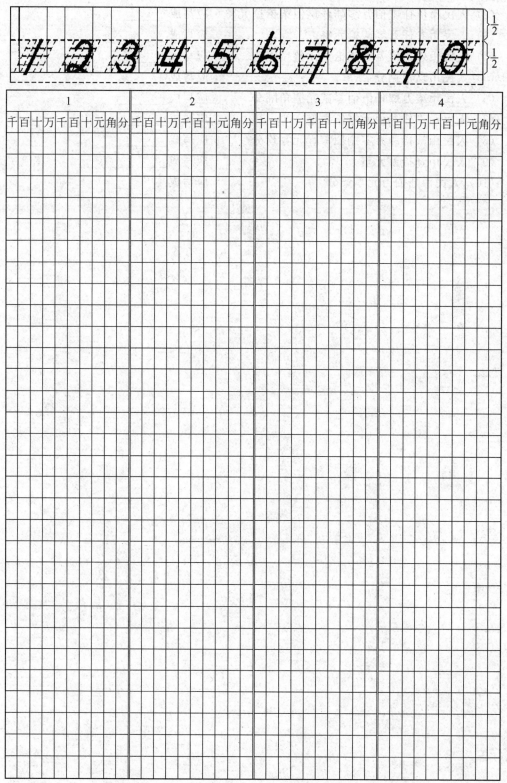

三、将下列中文大写数字写成阿拉伯数字

（1）人民币贰拾柒元伍角肆分　　　　　　应写成_____
（2）人民币伍仟贰佰万零陆仟玖佰柒拾捌元整　应写成_____
（3）人民币叁仟万零贰拾元整　　　　　　　应写成_____
（4）人民币壹拾玖万零贰拾叁元整　　　　　应写成_____
（5）人民币玖角捌分　　　　　　　　　　　应写成_____
（6）人民币柒万肆仟伍佰零贰元捌角陆分　　应写成_____
（7）人民币玖仟叁佰元零伍角整　　　　　　应写成_____
（8）人民币贰拾肆万零捌佰零壹元零玖分　　应写成_____
（9）人民币壹拾万元整　　　　　　　　　　应写成_____
（10）人民币陆佰万元零柒分　　　　　　　应写成_____

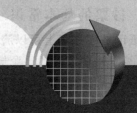

项目二
点钞技能

学习目标

◇ 掌握手工点钞的基本程序。
◇ 能够熟练掌握单指单张点钞的方法。
◇ 熟悉其他的点钞方法。

技能目标

◇ 能够熟练进行单指单张点钞，100 张抽张点、捆，在准确率 100% 的基础上按完成时间计算成绩。
◇ 能够运用多种点钞方法进行票币清点。
◇ 抓点形式 10 分钟计时点、捆，在准确率 100% 的基础上按完成把数计算成绩。

学习任务一
点钞的基本知识

学生的任务

◇ 要求学生了解钞票的产生历史。
◇ 要求学生掌握点钞的基本程序。

教师的任务

◇ 讲解点钞的主要知识点。
◇ 指导学生掌握点钞的基本环节。
◇ 指导学生完成活动练习。

 教学活动　点钞的内容与基本程序

活动目标

熟知钞票的基本常识，掌握点钞的基本程序。

 知识准备

一、钞票的基本常识

1. 纸币是在市场上可以流通的纸质货币

它是由国家发行、强制通用的货币符号,是用纸印制的货币符号的通称。它本身没有价值,但可以代替足值的货币在市场上交易流通。纸币在商品交换中起媒介作用。我国是最早使用纸币的国家,如北宋的交子,已具有纸币的特性;金国的交钞和南宋的会子已经是纯粹的纸币;到元代则出现了不兑现的纸币。而在欧洲,直到17世纪末才开始出现纸币。现代纸币主要有钞票和支票存款两种形式。钞票就是纸币,又称现金;支票存款也称存款货币,是指存在银行可以随时提取的活期存款。所以说,纸币和钞票不是同义语。不知从何时起,我们习惯把纸币之类——不管它是美元、人民币还是英镑,或是法郎——统统用一个词来称呼:钞票。可我们为什么要把它们称为钞票呢?

2. 钞票的由来

在中华历史中,银两和铜钱一直是主要的货币单位。但人们发现在进行大宗商业活动时,要携带这些货币非常不方便,于是便出现了由当铺、票号和商店等发放的取银凭证(银票)和由官府发放的取钱凭证(宝钞)。银票与宝钞的大范围流通发生在清朝晚期。在当时市场流通中,由于用小额货币需使用宝钞,用银两就使用银票。老百姓出行购物需带两种纸币。为了便于称呼,就把两种纸币合称为"钞票"了。

3. 人民币的常识

《中华人民共和国中国人民银行法》(简称《中国人民银行法》)第3章第15条规定:"中华人民共和国的法定货币是人民币"。1948年12月1日开始发行第一套人民币;1955年3月1日开始发行第二套人民币;1962年4月15日开始发行第三套人民币;1987年4月27日开始发行第四套人民币;1999年10月1日起在全国陆续发行第五套人民币。

第五套人民币有100元、50元、20元、10元、5元、1元、5角和1角八种面额。人民币的单位为元(圆)(人民币元 Renminbi Yuan,简写"RMB",以"￥"为代号)。人民币辅币单位为角、分。人民币没有规定法定含金量,它执行价值尺度、流通手段、支付手段等职能。

二、点钞概念及意义

点钞是指按照一定的方法查清票币的数额,即整理、清点钞票的工作,在银行泛指清点各种票币,又称票币整点。

现在,不仅金融系统,其他部门的现金流量也都很大。对于前台柜员以及出纳人员来说,清点钞票是一项经常的、大量的、技术性很强的工作。点钞速度的快慢、技术水平的高低,直接影响工作的效率和质量。因此,点钞技术是前台柜员和出纳员的必备技能之一,点钞技术的质量和效率是考核前台柜员和出纳员业务素质的重要指标,不断改进、提高先进整点的操作技术,对于提高工作效率,加速现金周转使用,调剂货币流通,促进国民经济发展都具有重要意义。

三、点钞的基本程序

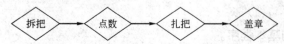

(1) 拆把：把待点的成把钞票的封条拆掉。
(2) 点数：手点钞，脑记数，点准一百张。
(3) 扎把：把点准的一百张钞票墩齐，用腰条扎紧。
(4) 盖章：在扎好的钞票的腰条上加盖经办人名章，以明确责任。

四、点钞的基本要求

在人民币的收付和整点中，要把混乱不齐、折损不一的钞票进行整理，使之整齐美观。整理的具体要求如下。

(1) 平铺整齐，边角无折。同券一起，不能混淆。
(2) 券面同向，不能颠倒。验查真伪，去伪存真。
(3) 剔除残币，完残分放。百张一把，十把一捆。
(4) 扎把捆捆，经办盖章。清点结账，复核入库。

为达到上述具体要求，应做到以下几点。

(1) 操作定型，用品定位。点钞时使用的印泥、图章、腰条等要按使用顺序固定位置放好，以便点钞时使用顺手。

(2) 点数准确。点钞技术关键是一个"准"字，清点和记数的准确是点钞的基本要求。点数准确一要精神集中，二要定型操作，三要手点、脑记，手、眼、脑紧密配合。

(3) 钞票墩齐。钞票点好后必须墩齐后（四条边水平，不露头，卷角拉平）才能扎把。

(4) 扎把捆紧。扎小把，以提起把中第一张钞票不被抽出为准。按"♯"字形捆扎的大捆，以用力推不变形、抽不出票把为准。

(5) 盖章清晰。腰条上的名章，是分清责任的标志，每个人整点后都要盖章，图章要清晰可辨。

(6) 动作连贯。动作连贯是保证点钞质量和提高效率的必要条件，点钞过程的各个环节（拆把、清点、墩齐、扎把、盖章）必须密切配合，环环相扣。清点中双手动作要协调，速度要均匀，要注意减少不必要的小动作。

实训案例

银行实习柜员小王参加点钞考核，要求小王按照手工点钞的基本程序在10分钟内进行练功券的清点。

1. 拆把

把待点的成把练功券的封条拆掉。如图2-1所示。

2. 点数

手点钞，脑记数，点准一百张。如图2-2所示。

3. 扎把

把点准的一百张练功券墩齐，用腰条扎紧。如图2-3所示。

4. 盖章

在扎好的练功券的腰条上加盖经手人小王名章，以明确责任。如图2-4所示。

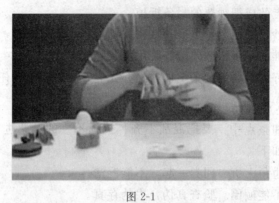

图 2-1

图 2-2

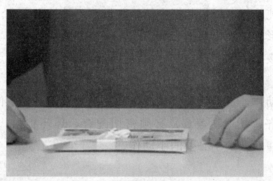

图 2-3

图 2-4

5. 重复一遍

重复上述环节，在点数准确的基础上尽可能多地完成清点把数。如图 2-5 所示。

图 2-5

活动练习

要求学生按照点钞的基本要求对混乱零散的练功券进行整理。

学习任务二
手工点钞技术

学生的任务

◇ 要求学生掌握钞票的产生历史。
◇ 要求学生掌握点钞的基本程序。

教师的任务

◇ 讲解点钞的主要知识点。
◇ 指导学生进行票币的清点。
◇ 指导学生完成活动练习。

教学活动 1　手工持式单指单张点钞法

活动目标

掌握手持式点钞的要点，学会单指单张的点钞技能。

知识准备

手工点钞技术，即不依靠任何机具，完全用手指拨（捻）动作来清点钞票的技术。手工点钞技术是银行一线柜员必须掌握的基本技能。

手工点钞方法很多，以持币方式划分，大体上可以分为两种，即手持式点钞和手按式点钞。

一、手持式点钞的含义

手持式点钞,即两只手不需要固定位置,身体姿势可以随意调整、操作灵活,可相对减轻劳动强度;手持式点钞方法应用比较普遍,它适用于各种票面,无论钞票纸幅大小、新旧都能顺利清点;手持式点钞,手指弹动轻松自如,可随时加速、随时停止,看到钞票的面积大,易于在清点中挑残和鉴别真伪。

二、手持式点钞方法

手持式点钞方法常见的有单指单张点钞、单指多张点钞、多指多张(也称四指四张)点钞和扇面点钞等方法。这个教学活动重点介绍单指单张点钞技术。

1. 单指单张点钞技术的含义

手持式单指单张点钞,是最基本的点钞方法,是应用范围最广,实用性最强的一种点钞技术。由于操作时可以看到钞票的大部分,因而易于识别假钞,便于挑剔损伤券。这种点钞方法如果训练有素,点钞速度也比较快,每小时可达 20,000 张。

2. 单指单张点钞法的具体操作

(1) 拆把持钞　拆把持钞的方法有三种。

第一种方法是:钞券横执,正面朝着身体,用左手的中指和无名指夹住票面的左上角,拇指按住钞券上边沿处,食指伸直,中指稍用力,把钞券放在桌面上,并使左端翘起成瓦形,然后用左手食指向前伸勾断捆钞条并抬起食指使捆钞条自然落在桌面上,左手大拇指翻起钞票同时用力向外推使钞券成微扇面形,右手拇指、食指、中指蘸水作好点钞准备。这种方法的特点是左右手可同时操作,拆把速度快,但捆钞条勾断后不能再使用。这种拆把方法通常用于复点现金。

第二种方法是:持把时左手拇指在钞券正面的左端,约在票面的四分之一处,食指和中指在钞券背面与拇指一起捏住钞券,无名指和小指自然弯曲;捏起钞券后,无名指和小指伸向票前压住钞券的左下方,中指弯曲稍用力,与无名指和小指夹住钞券;食指伸直,拇指向上移动按住钞券的侧面将钞券压成瓦形,并使左手手心向下,然后用右手脱去钞券上的捆钞条。同时左手将钞券往桌面上轻轻擦,拇指借用桌面的磨擦力将钞券向上翻成微扇形票面。右手的拇指、食指、中指蘸水作点钞准备。从上面可以看出,这种拆把方法不撕断纸条便于保留原纸条查看图章。这种拆把方法通常用于初点现金。

第三种方法是:钞券横执,钞券的反面朝着身体。用左手中指和无名指夹住钞券的左端中间,食指和中指在前面,中指弯曲,食指伸直;无名指和小指放在钞券后面并自然弯曲。左手拇指在钞票下边沿后侧约占票面的三分之一处用力将钞券向上翻起呈瓦形,使钞券正面朝向身体,并用拇指捏拄钞票里侧边缘向外推,食指协助拇指,使钞票打开呈微扇形状。拆把的方法与前面介绍的两种方法相同。

(2) 清点　拆把后,左手持钞稍斜,正面对胸前。右手捻钞。捻钞从右上角开始。用右手拇指尖向下捻动钞票的右上角,每次捻出一张,接着用无名指将捻开的钞票弹拨下来,一捻一弹,连续动作,直至点完。注意:拇指不要抬得太高,捻动钞票的动作幅度不宜太大,只用指头的第一关节做轻微动作;而无名指的弹拨动作要适当配合,将捻下来的钞票往怀里方向弹,每捻下一张弹一次,要注意轻点快弹,所谓"三分捻,七分弹"就讲的是这一要领;食指在钞票背面托住少量钞票配合拇指工作,随着钞票的捻出要向前移动,以及时托住另一部分票子;中指翘起不要触及票面,以免妨碍无名指动作,在清点中拇指上的水用完可向中指蘸一下便可点完100张。同时,左手拇指也要配合动作,当右手将钞券下捻时,左手拇指要随即向后移动,并用指尖向外推动钞券,以利捻钞时下钞均匀。在这一环节中,要注意右手拇指捻钞时,主要负责将钞券捻开,下钞主要靠无名指弹拨。如图2-6、图2-7所示。

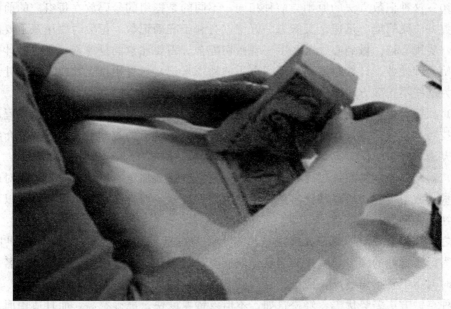

图 2-6

图 2-7

(3) 挑残损券 在清点过程中,如发现残损券应按剔旧标准将其挑出。为了不影响点钞速度,点钞时不要急于抽出残损券,只要用右手中指、无名指夹住残损券将其折向外边,待点完100张后再将残损券补上完整券。

(4) 记数 由于单指单张每次只捻一张钞券,记数也必须一张一张记,直至记到100张。从"1"到"100"的数中,绝大多数是两位数,记数速度往往跟不上捻钞速度,所以必须巧记。通常可采用分组计数法。分组记数法有两种方法。一种是方法1、2、3、4、

5、6、7、8、9、1；1、2、3、4、5、6、7、8、9、2；…1、2、3、4、5、6、7、8、9、10。这样正好100张。这种方法是将100个数编成10个组，每个组都由10个一位数组成，前面9个数都表示张数，最后一个数既表示这一组的第10张，又表示这个组的组序号码即第几组。这样在点数时记数的频率和捻钞的速度能基本吻合。另一种方法是0、2、3、4、5、6、7、8、9、10；1、2、3、4、5、6、7、8、9、10；…9、2、3、4、5、6、7、8、9、10。这种记数方法的原则与前种相同，不同的是把组的号码放在每组数的前面。这两种记数方法既简捷、迅速，又省力、好记，有利于准确记数。记数时要注意不要用嘴念出声来，要用心记。做到心、眼、手三者密切配合。需要注意的是单指单张点钞计数要求从一开始累计计数。计数时要用脑子配合手的动作来记，切忌用口念数或不用累计计数方法，因为这些不正确方法都会影响点钞速度和点钞准确性。

（5）扎把 银行出纳制度规定，钞票100张为一把。扎把是点钞的一道重要程序，有一定的技巧和质量标准，既要扎得快，又要扎得紧。在后面的教学活动中将详细介绍扎把的常用方法。

（6）盖章 盖章是点钞过程的最后一环，在捆钞条上加盖点钞员名章，表示对此把钞券的质量、数量负责，所以每个出纳员点钞后均要盖章，而且图章要盖得清晰，以看得清行号、姓名为准。

总之，单指单张点钞，首先要注意拇指小关节的活动频率与耐力，捻钞时肌肉要放松，因为拇指捻钞的快慢，直接影响点钞的速度。其次，捻钞时拇指要轻捻，无名指要快弹，同时拇指不宜抬得过高，而且捻钞的幅度要小（拇指接触钞票的面积）。

此种点钞方法姿势优美，轻松自如，不但点钞速度快、准确率高，而且适用面广，易挑残和识假。

  实训案例

教师按照上述步骤逐个指导学生动手练习，掌握单指单张点钞的基本方法。

活动练习

要求学生运用单指单张点钞法进行练功券清点练习，一边清点一边计数，在保证准确度的基础上清点速度逐渐加快。

教学活动2 单指多张点钞技术

活动目标

掌握单指多张点钞的要点，学会单指多张的点钞技能。

知识准备

一、单指多张点钞技术的含义

用手持式单指单张点钞的持票方式，每次捻两张或两张以上钞票的点钞方法为单指多张点钞技术。它是从手持式单指单张点钞技术的基础上发展而来的一种技术。它捻动钞票的频率慢，但每次捻下钞票的张数多，记数简单、省力，故可以减轻操作人员的脑力劳动。但它不能全面地观察票面，不利于挑剔损伤券和假币。所以这种技术一般适用于做复点工作。

单指多张点钞的操作要领除了记数方法与单指单张点钞有些不同外，其他都基本相同。

二、动作要领

1. 清点

清点时右手拇指肚放在钞券的右上角，拇指尖略超过票面。如点双张，先用拇指肚捻下第1张，拇指尖捻下第2张；如点3张及3张以上时，同样先用拇指肚捻下第1张，然后依次捻下后面一张，用拇指尖捻下最后一张，要注意拇指均衡用力，捻的幅度也不要太大，食指、中指在钞券后面配合拇指捻动，无名指向怀里弹。为增大审视面，并保证左手计数准确，点数时眼睛要从左侧向右看，这样容易看清张数和残破券、假币。

2. 记数

由于一次捻下多张，应采用分组记数法，以每次点的张数为组记数。如点3张，即以3张为组记数，每捻3张记一个数，33组余1张就是100张；又如点5张，即以5张为组记数，每捻5张记一个数，20组就是100张。以此类推。

实训案例

教师按照上述步骤逐个指导学生动手练习，掌握单指多张点钞的基本方法。

活动练习

要求学生运用单指多张点钞法进行练功券清点练习，一边清点一边计数，在保证准确度的基础上清点速度逐渐加快。

教学活动3 四指四张点钞技术

活动目标

掌握四指四张点钞的要点，学会四指四张的点钞技能。

知识准备

一、四指四张点钞技术的含义

四指四张点钞法也称四指拨动点钞或手持式四指拨点法。它适用于收款、付款和整点工作，是一种适用广泛，比较适合柜面收付款业务的点钞方法。它的优点是速度快、效率高。由于每指点一张，票面可视幅度较大，看得较为清楚，有利于识别假币和挑剔损伤券。

二、动作要领

1. 持钞

钞券横立，左手持钞。持钞时，手心朝胸前，手指向下，中指在票前，食指、无名指、小指在后，将钞券夹紧；以中指为轴心五指自然弯曲，中指第二关节顶住钞券，向外用力，小指、无名指、食指、拇指同时向手心方向用力，将钞券压成"U"形，"U"口朝里。这里要注意食指和拇指要从右上侧将钞券往里下方轻压，打开微扇；手腕向里转动90°，使钞券的凹面向左但略朝里，凸面朝外向右；中指和无名指夹住钞券，食指移到钞券外侧面，用指尖抵住钞券，以防下滑，大拇指轻轻按住钞券外上侧，既防钞券下滑又要配合右手清点。最后，左手将钞券移至胸前约20厘米的位置，右手五指同时蘸水，做好清点准备。如图2-8、图2-9所示。

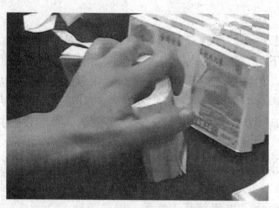

图 2-8

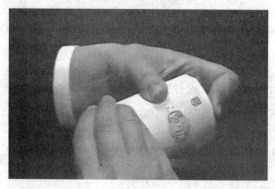

图 2-9

2. 清点

两只手摆放要自然，一般左手持钞略低，右手手腕抬起高于左手。清点时，右手拇指轻轻托住内上角里侧的少量钞券；其余四指自然并拢，弯曲成弓形；食指在上，中指、无名指、小指依次略低，四个指尖呈一条斜线。然后从小指开始，四个指尖依次顺序各捻下一张，四指共捻四张。接着以同样的方法清点，循环往复，点完25次即点完100张。用这种方法清点要注意这样几个方面。一是捻钞券时动作要连续，下张时一次一次连续不断，当食指捻下本次最后一张时，小指要紧紧跟上，每次之间不要间歇。二是捻钞的幅度要小，手指离票面不要过远，四个指头要一起动作，加快往返速度。三是四个指头与票面接触面要小，应用指尖接触票面进行捻动。四是右手拇指随着钞券的不断下捻向前移动，托住钞券，但不能离开钞券。五是在右手捻钞的同时左手要配合动作，每当右手捻下一次钞券，左手拇指就要推动一次，二指同时松开，使捻出的钞券自然下落，再按住未点的钞，往复动作，使下钞顺畅自如。如图2-10、图2-11所示。

3. 记数

采用分组记数法，以四个指头顺序捻下四张为一次，每次为一组，25次即25组即为

图 2-10

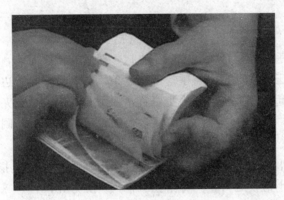

图 2-11

100 张。

4. 扎把与盖章

扎把与盖章的方法与手持式单指单张相同。采用手持式四指拨动法点钞，清点前不必先拆纸条，只要捆扎钞券的捆钞条挪移到钞券四分之一处就可以开始清点，发现问题可保持原状，便于追查。清点完毕后，初点不用勾断捆钞条，复点完时顺便将捆钞条勾断，重新扎把盖章。

四指拨动点钞技巧与特点：点钞时右手四指不宜抬得过高，要并拢弯曲，着重练习四指关节的灵活性，左手拇指与食指配合要得当。若拇指压得过紧，钞券不易捻开；若过松则容易出现双张。

此种点钞方法现已普及全国，姿势优美、灵活方便、点数轻松、省力，能识别伪钞，适用于出纳收、付款，整点的初、复点工作。

实训案例

教师按照上述步骤逐个指导学生动手练习，掌握四指四张点钞的基本方法。

活动练习

要求学生运用四指四张点钞法进行练功券清点练习，一边清点一边计数，在保证准确度的基础上清点速度逐渐加快。

教学活动 4　五指拨动点钞技术

活动目标

掌握五指拨动点钞的要点,学会五指拨动点钞的点钞技能。

知识准备

一、五指拨动点钞

五指拨动点钞适用于收款、付款和整点工作。它的优点是效率高、记数省力,可减轻动力强度。这种方法要求五个手指依次动作,动作幅度较大。

二、动作要领

1. 持钞

钞券横立,用左手持钞。持钞时,左手小指、拇指放在票面前,其余三个手指放在票后,拇指用力把钞券压成瓦形,用右手退下捆钞条。左手将钞券右边向右手拍打一下,并用右手顺势将钞券推起。左手变换各手指位置,即用无名指、小指夹住钞券左下端,中指和食指按在钞券外侧,食指在上,中指在下,拇指轻压在钞券上外侧使钞券成瓦形。

2. 清点

右手五个指头蘸水,从右角将钞券逐张向怀里方向拨动,以拇指开始,依次是食指、中指、无名指,直至小指收尾为止。每指拨一张,一次为五张。

3. 记数

采用分组记数,每五张为一组记一个数,记满 20 组即为 100 张。以上介绍的五指拨动法是单向拨动,即右手始终是从拇指开始依次向怀里方向拨动,直至小指收尾止。五指拨动法也可里外双向拨动,即先从拇指开始,食指、中指依次向怀里方向拨动,到无名指收尾为止;再从小指开始,依次无名指、中指向外方向拨动,直至食指收尾为止。这样来回拨动一次 8 张,点 12 个来回余 4 张即为 100 张。这钟点钞方法虽然难度较大,但速度快、效率高。

实训案例

教师按照上述步骤逐个指导学生动手练习,掌握五指拨动点钞的基本方法。

活动练习

要求学生运用五指拨动点钞法进行练功券清点练习,一边清点一边计数,在保证准确度的基础上清点速度逐渐加快。

教学活动 5　扇面点钞技术

活动目标

掌握扇面点钞的要点,学会扇面点钞技能。

知识准备

一、扇面点钞技术的含义

把钞票捻成扇面状进行清点的方法称为扇面式点钞法。这种点钞方法速度快,是手工点钞中效率最高的一种,但它只适合清点新票币,不适于清点新、旧、破混合钞票。

二、动作要领

1. 持钞

左手拇指在票前下部中间票面约四分之一处,将钞票竖拿起,拇指在钞票前,食指、中指、无名指和小指在钞票的后面,形成拇指与其他任何一指在钞票的前后两面对称轴心捏住,无名指和小指拳向手心。右手拇指在左手拇指的上端,用虎口从右侧卡住钞票成瓦形,此时的姿势是:左、右手的中指、无名指和小指重叠在一起,右手食指、虎口、拇指抱住钞票准备开扇。如图2-12所示。

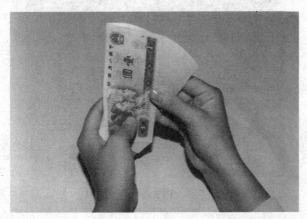

图 2-12

2. 开扇

开扇是扇面点钞的一个重要环节,扇面要开得均匀,为点数打好基础,做好准备。其方法是:以左手的拇指和中指为轴,右手食指将钞票向胸前左下方压弯,然后再猛向右方闪动,同时右手拇指在票前向左上方推动钞票,食指、中指在票后面用力向右捻动,左手指在钞票原位置向逆时针方向画弧捻动,食指、中指在票后面用力向左上方捻动,右手手指逐步向下移动,至右下角时即可将钞票推成扇面形。如有不均匀的地方,可双手持钞抖动,使其均匀。打扇面时,左右两手一定要配合协调,不要将钞票捏得过紧,如果点钞时采取一按10张的方法,扇面要开小些,便于清点。如图2-13所示。

3. 点数

左手持扇面,右手中指、无名指、小指托住钞票背面,拇指在钞票右上角1厘米处,一次按下5张或10张;按下后用食指压住,拇指继续向前按第二次,以此类推,同时左手应随右手点数速度向内转动扇面,以迎合右手按动,直到点完100张为止。如图2-14所示。

4. 记数

采用分组记数法,一次按5张为一组,记满20组为100张;一次按10张为一组,记

图 2-13

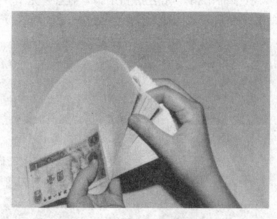

图 2-14

满 10 组为 100 张。

5. 合扇

  清点完毕合扇面时,将左手向右倒,右手托住钞票右侧向左合拢,左右手指向中间一起用力,使钞票竖立在桌面上,两手松拢轻蹾,把钞票蹾齐,准备扎把。如图 2-15～图 2-17 所示。

图 2-15

图 2-16

图 2-17

三、扇面点钞技巧与特点

  扇面点钞要注重开扇和点数这两个环节。首先扇面要开得均匀,使捻、甩在同一时间内一次完成，达到一次开扇。其次，点数时，眼、手要配合得当；也就是，眼睛先看所按下的张数，随后手才能按下，这样才能保证点钞的准确与速度。

扇面点钞主要流行于我国的东北地区，特点是点钞速度快、工作效率较高，适用清点钞票和复点款项工作。其缺点是不便于剔残和识别夹版或假钞。

实训案例

教师按照上述步骤逐个指导学生动手练习，掌握扇面点钞的基本方法。

活动练习

要求学生运用扇面点钞法进行练功券清点练习，一边清点一边计数，在保证准确度的基础上清点速度逐渐加快。

学习任务三
钞票的平摊整理和扎把

学生的任务

◇ 要求学生掌握钞票平摊的要求。
◇ 要求学生掌握钞票平摊的技能。

教师的任务

◇ 讲解钞票平摊的主要知识点。
◇ 指导学生进行钞票平摊的练习。
◇ 指导学生完成活动练习。

教学活动1　钞票平摊整理和扎把的相关理论

活动目标

熟知钞票平摊整理和扎把的相关理论。

知识准备

一、平摊整理的含义

整理现金时，应先挑剔处损伤券，然后按券别（100元、50元、20元、10元、5元等）、完整券和损伤券进行分类整点、捆扎。

二、拆把持钞的含义

成把清点时，首先需将捆钞条拆下。拆把时可将捆钞条脱去，保持其原状，也可将捆钞条用手指勾断。通常初点时采用脱去捆钞条的方法，以便复点时发现差错进行查找，复点时一般将捆钞条勾断。持钞速度的快慢、姿势是否正确，也会影响点钞速度。要注意每一种点钞方法的持钞方法。

三、捆扎技术

腰条捆扎技术是纸币清点中的一个重要环节,在机器点钞和手工点钞中,腰条捆扎速度对提高点钞整体速度起到不可忽视的作用。

捆扎现金要每百张为一把,用腰条在钞票中间扎好,不足百张的则将腰条捆扎在钞票的一端的三分之一处,并将张数、金额写在腰条的正面。

凡经整点的现金必须在钱把侧面腰条上加盖经办人名章。每十把钞票用细绳以双十字形捆扎为一捆,在顶端加贴封签,并加盖捆扎人的名章。

教学活动 2 钞票扎把的方法和流程

活动目标

熟练掌握钞票扎把的基本方法。

知识准备

一、扎把方法

1. 拧结法

扎把时左手横持已蹾齐的钞票,拇指在前,食指压在上侧,其余三指捏在钞票后面。右手拇指和中指拿纸条的 1/3 处,把纸条的 2/3 处放在钞票上侧中间,用左手食指将纸条压住,右手食指钩住钞票背面的一端纸条,使纸条的两端在钞票的背面吻合捏紧,然后左手稍用力握住钞票使之成为斜瓦形,左手腕向外转动,右手捏住纸条向怀里转动,随后双腕还原,同时将右手两端的纸条拧半劲,用食指将纸条顺斜瓦掖下,即完成扎把。如图 2-18~图 2-21 所示。

图 2-18

2. 夹条缠绕法

夹条缠绕法扎把,是将纸条一端插入钞票,缠绕两圈或一圈的方法。

扎把时先将钞票蹾齐,左手拇指在前,其余四指在后,横握钞票上侧左半部分,用食指将钞票上侧中间分开一条缝,用右手拇指、食指和中指,捏住竖起纸条(留出约 5 厘米长)的一端,插入缝内约 2 厘米左右,这三个手指前后换位绕钞票缠二圈(或一圈)。与此同时,左手用力将钞票压成小瓦形,右手将缠绕的纸条稍用力拉紧后,右手拇指和食指将纸条余端向右手方向打折成 45°角,掖入缠绕好的纸条下即可;随即左手将钞票的原纸

项目二 点钞技能

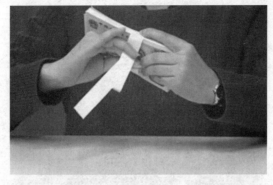

图 2-19

图 2-20

图 2-21

条撸下，完成拆把动作。如图 2-22～图 2-26 所示。

3. 压条缠绕法

压条缠绕法是将纸条一端放在待捆扎的钞票后面，用左手压住纸条进行扎把的一种方法。

扎把时左手横捏住钞票，右手食指、中指在外，拇指在里。横向捏住纸条左端，留出约 7 厘米长，放在钞票背面中间，用左手食指和中指压住，然后用右手向怀里绕钞票缠两圈。

4. 机器捆钞的操作程序

（1）做好捆钞前的准备工作　使用捆钞机具，首先要仔细检查捆钞机各部位是否正

图 2-22

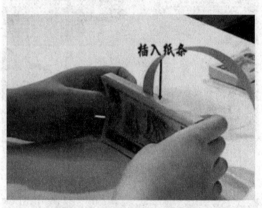

图 2-23

图 2-24

常。手动捆钞机要检查手柄、齿轮上下运动是否自如；电动和液压捆钞机在捆钞前要打开开关各转一次，检查马达和液压装是否正常，液压管道有无漏油现象。检查完毕，调整机器螺钉，使之适合所捆券别的松紧程度，然后固定螺钉。

（2）放绳　将线绳拧成麻花扣，双十字放置在捆钞机底面平台的凹槽内。绳两头留的长度要相等。

（3）放钞　用两手各取五把钞券并在一起蹾齐；然后将十把钞券叠起，票面向上，放

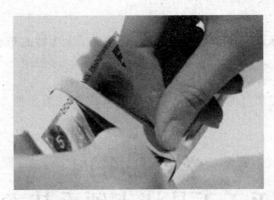

图 2-25

图 2-26

在捆钞机的平台上,再放垫纸。

(4) 压钞　合上活动夹板,右手扳下压力扶手,反复操作,使钞券压到已调整好的松紧度。如为电动捆钞机,则按下"紧"开关。

(5) 系绳　两手分别捏住绳子的两头,从上端绳套穿过,然后双手各自拉紧,从两侧把绳子绕到钞券的正面,使绳子的两头合拢拧麻花扣;然后用左手按住叉点,右手捏住绳子的一头从钞券上面竖线穿过结上活扣,贴上封签,加盖名章和日期戳。

二、捆钞的注意事项

(1) 捆钞时要坚持按操作程序操作,必须每只手各取五把,以防钞券多把或少把,发生差错。

(2) 整捆钞券在捆扎时要垫衬纸,用于粘贴封签。衬纸垫在钞券上与其一并捆扎,封签贴在捆扎绳外,要注意衬纸与封签都须切去一角,以便看清票面。

(3) 不论是手工捆扎钞券还是机器捆扎钞券,都要以"捆紧"为标准,要通过拉紧捆钞绳,进行交叉固定,使钞券不易松开。

(4) 捆扎绳必须完好,不能有结,以防被人解开。最后的活扣结只能打在衬纸表面,并用封签纸粘住。

(5) 钞券捆扎完毕,要在封券上加盖日期戳以及点钞员、捆钞员名章,以明确职责,便于查找差错。

实训案例

教师按照上述步骤逐个指导学生动手练习，掌握手工捆钞的基本方法。

活动练习

要求学生运用上述学习的方法进行捆钞练习，每百张为一把，用腰条在钞票中间扎好、捆紧。

学习任务四
手工工具清点硬币技术

学生的任务

◇ 要求学生掌握硬币的手工清点办法。
◇ 要求学生掌握硬币的工具清点。

教师的任务

◇ 讲解硬币清点的主要知识点。
◇ 演示硬币的清点过程。
◇ 指导学生进行硬币的清点。
◇ 指导学生完成活动练习。

教学活动1 手工清点硬币技术

活动目标

熟知手工清点硬币技术相关理论，能进行手工清点。

知识准备

一、硬币清点的方法

硬币的清点基本有两种：一是纯手工清点，二是工具清点。手工清点硬币一般用在收款时、收点硬币尾零款；大批硬币清点需用工具来清点。通常工具点钞使用硬币清点器清点硬币。在这个教学活动中先学习手工清点的技术。

二、手工清点硬币

手工清点硬币一般分为拆卷、清点、记数、包装、盖章这五个环节。

1. 拆卷

清点后使用的包装纸平放在桌子上。右手持硬币卷的三分之一处放在新的包装纸中间；左手撕开硬币包装纸的一头，然后用右手从左到右端压开包装纸；包装纸压开后用左手食指平压硬币，右手抽出已压开的包装纸。这样即可准备清点。

2. 清点

从左向右分组清点。清点时，以右手拇指和食指将硬币分组清点。每次清点的枚数因个人技术熟练程度而定，可一次清点 5 枚或 10 枚，也可一次清点 12 枚、14 枚、16 枚等。为保证清点准确无误，可用中间分开查看。如一次点 10 枚，即从中间分开，一边为 5 枚。以此类推。

3. 记数

采用分组记数法，一组为一次。如一次清点 10 枚，那么点次即为 100 枚。

4. 包装

清点完毕即可包装。硬币每百枚包一卷。包装时，用双手的无名指分别顶住硬币的两头，用拇指、食指、中指捏住硬币的两端，再用双手拇指把里半边的包装纸向外掀起并用食指掖在硬币底部，然后用右手掌心用力向外推卷，随后用双手的拇指、食指和中指分别把两头包装纸向中间方向折压紧贴硬币，再用拇指将后面的包装纸往前压，食指将前面的包装纸送后压使包装纸与硬币贴紧，最后再用拇指、食指向前推币，这样包装完毕。包装的硬币要求紧，不能松，两端不能露出硬币。

5. 盖章

硬币包装完毕后，整齐地平放在桌面上（硬币卷竖放），卷缝的方向一致，右手拿名章，贴在右面第一卷硬币上，左手平放在各硬币卷上并向右滚动，名章随硬币卷的滚动依次盖在各卷上，使印章盖得又快又清晰。成卷的硬币也可横放在桌面上，右手名章贴在最前面一卷的右端，用左手掌心推动硬币向前滚动，右手将名章逐一盖在硬币卷的右端。

实训案例

教师按照上述步骤逐个指导学生动手练习，掌握手工硬币清点的基本方法。

活动练习

要求学生运用上述学习的方法进行硬币清点练习。

教学活动 2　工具清点硬币技术

活动目标

熟知工具清点硬币技术相关理论，能进行运用工具进行清点。

知识准备

一、工具整点硬币

工具整点硬币主要借助于硬币整点器（亦称硬币计数器）。这种硬币整点器内根据 5 分、2 分、1 分三种硬分币的直径设计的三种相应的弧形槽式分币板，又根据流通中硬币的平均厚度，固定了百枚硬币总长度，每次可清点一百枚硬币。

二、硬币整点器

硬币整点器由两部分组成：一部分是定槽，另一部分是动槽。动槽可以前后移动；动槽和定槽相间均等排列，每一个槽相当于五枚硬币的厚度。当清点员按动动槽时，硬分币便以五枚一组被分开，便于点数。这种工具使用简便，携带亦方便，工效又高，是银行清点硬分币不可缺少的工具。

三、操作流程

硬币整点器有推动式硬币整点器和拉锁式硬币整点器，其操作步骤与手工整点硬币相同。以推动式硬币整点器为例介绍操作程序。

1. 准备工作

将推动式硬币整点器及硬币包装纸（燕尾式、斜角式）分别摆放在点钞台的正前方。如图 2-27 所示。

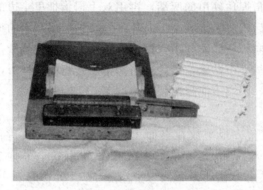

图 2-27

2. 拆卷

拆卷通常有两种方法：一是摔开法拆卷又称阵裂法拆卷；二是刀割法拆卷。

（1）摔开法拆卷　双手拇指、食指和中指分别捏住硬币卷的两端，右手略抬高些由上向下摔在硬币卡数器的槽道边缘上，使硬币包装纸顺势裂开一条缝，接着双手的拇指将硬币由里向外翻滚把硬币倒入槽道内，双手拇指、食指和中指将包装纸提起；或以双手的拇指与食指、中指捏住硬币的两端向下阵动，同时左手稍向里扭动，右手稍向外扭动，使包装纸裂开。再用两手的无名指顶住硬币两端，用中指、食指和拇指捏住硬币的两端（其中指在卷里，中指和食指在卷外边），把硬币卷移到硬币整点器上，两手腕同时向里转，使硬币落入整点器槽内，然后取出包装纸准备清点。用此法拆卷要注意用力要适度，不要将硬币振散以致硬币掉落。

（2）刀割法拆卷　刀割法拆卷是用装在硬币整点器的右端边缘上的刀片，将硬币卷割开的一种方法。拆卷时双手的拇指、食指、中指捏住硬币的两端，从左端向右端通过刀槽，将硬币包装纸划开，随即将硬币堆放在卡数器的槽道内，然后双手手腕同时向里转，硬币进入整点器槽内，双手拇指、食指和中指将包装纸提起。

3. 清点

硬币落入整点器内后，两手的食指和中指放在整点器两端，将整点器夹住，再用右手食指将硬币顶向左端。然后两手拇指放在整点器两边的推钮上用力推动推钮。眼睛从左端看到右端，检查每槽是否五枚，重点检查右边最后一个槽。准确无误后，两手松开，硬币自动回到原位。如有氧化变形或伪币应随时剔出并补足硬币。如图 2-28 所示。

图 2-28

4. 记数

采用分组记数法，一组为一次。如一次清点 10 枚，那么点次即为 100 枚。

5. 包装

两手的中指顶住硬币两端，拇指在卷里、食指在卷外边将硬币的两端捏住。两手向中间稍用力，从整点器内将硬币提出放在准备好的包装纸中间，其余包装方法与手工清点硬币包装方法相同。如图 2-29、图 2-30 所示。

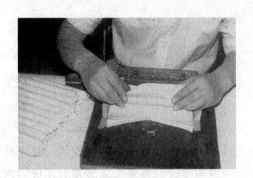

图 2-29

图 2-30

6. 盖章

盖章方法也与前面相同。

7. 清点技巧与特点

工具清点硬币，首先要选择好硬币卡数器，然后用顺纹的硬币包装纸，便于拆卷。清点时右手指顶住槽道内硬币的右端，着重看清右边第一个币齿内的数量。封卷时要两手同时动作，卷纸和折角要在同一时间内进行。

工具清点硬币是手工清点硬币方法的继续和发展，比手工清点省时省力，简单易学，操作方便。

实训案例

教师按照上述步骤逐个指导学生动手练习，掌握工具清点硬币的基本方法。

活动练习

要求学生运用上述学习的方法进行硬币清点练习。

学习任务五 机器点钞技术

学生的任务

◇ 要求学生掌握机器点钞的含义和一般常识。
◇ 要求学生掌握机器点钞的基本流程。

教师的任务

◇ 讲解机器点钞的主要知识点。
◇ 指导学生利用机器进行票币的清点。
◇ 指导学生完成活动练习。

教学活动1 机器点钞技术的相关理论和准备工作

活动目标

熟知机器点钞技术的相关理论和准备工作。

知识准备

一、机器点钞的含义

机器点钞就是使用点钞机整点以代替手工整点。由于机器点钞代替手工点钞,对提高工作效率、减轻银行一线柜员劳动强度、改善临柜服务态度、加速资金周转都有积极的作用。随着金融事业的不断发展,出纳的收付业务量也日益增加,机器点钞已成为银行出纳点钞的主要方法。

二、点钞机的一般常识

点钞机由三大部分组成:第一部分是捻钞部分;第二部分是计数部分;第三部分是传送整钞部分。

捻钞部分由下钞斗和捻钞轮组成。其功能是将钞券均匀地捻下送入传送带。捻钞是否均匀,计数是否准确,其关键在于下钞斗下端一组螺钉的松紧程度。使用机器点钞时,必须调节好螺钉,掌握好下钞斗的松紧程度。

计数部分(以电子计数器为例)由光电管、灯泡、计数器和数码组成。捻钞轮捻出的每张钞券通过光电管和灯泡后,由计数器记忆并将光电信号轮换到数码管上显示出来。数码管显示的数字,即为捻钞张数。

传送整钞部分由传送带、接钞台组成。传送带的功能是传送钞券并拉开钞券之间的距离,加大票币审视面,以便及时发现损伤券和假币;接钞台是将落下的钞券堆放整齐,为扎把做好准备工作。

三、点钞前的准备工作

1. 放置好点钞机

点钞机一般放在操机员的正前方,离胸前约 30 厘米左右。临柜收付款时也可将点钞机放在点钞桌抽屉内,桌子台面上用玻璃板,以便看清数字和机器运转情况。

2. 调试

根据所要清点的票面券别调试下钞斗和接钞台。

3. 放置好钞券和工具

机器点钞是连续作业,且速度相当快,因此清点的钞券和操作的用具摆放位置必须固定,这样才能做到忙而不乱。一般未点的钞券放在机器右侧,按大小票面顺序排列,或从大到小,或从小到大,切不可大小夹杂排列;经复点的钞券放在机器左侧;捆钞条应横放在点钞机前面即靠点钞员胸前的那一侧,其他各种用具放置要适当、顺手。

4. 试机

首先检查各机件是否完好,再打开电源,检查捻钞轮、传送带、接钞台运行是否正常;灯泡、数码管显示是否正常,如荧光数码显示不是"00",那么按"0"键钮,使其复位"0"。然后开始调试下钞斗,松紧螺母,通常以 1 元券为准,调到不松、不紧、不夹、不阻塞为宜。调试时,右手持一张 1 元券放入下钞斗,捻钞轮一旦将券捻住,马上用手抽出,以捻得动、抽得出为宜。

调整好点钞机后,还应拿一把钞券试试,看看机器转速是否均匀、下钞是否流畅、均匀,点钞是否准确,落钞是否整齐。若传送带上钞券排列不均匀,说明下钞速度不均,要检查原因或调节下钞斗底部螺钉;若出现不整齐、票面歪斜现象,说明下钞斗与两边的捻钞轮相距不均匀,往往造成距离近的一边下钞慢,钞券一端向接钞台倾斜,传送带上钞券呈一斜面排列;反之下钞快。这样应将下钞斗两边的螺钉进行微调,直到调好为止。如图 2-31 所示。

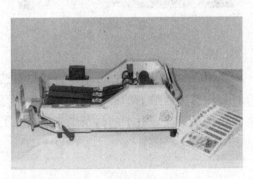

图 2-31

实训案例

教师按照上述步骤逐个指导学生动手练习,掌握点钞机的调试与使用。

活动练习

要求学生进行机具准备练习。

教学活动 2　机器点钞技术的操作流程

活动目标

掌握机器点钞技术。

知识准备

一、清点

点钞机的操作程序与手工点钞操作程序基本相同。

1. 持票拆把

用右手从机器右侧拿起钞券，右手钞券横执，拇指与中指、无名指、小指分别捏住钞券两侧，拇指在里侧、其余三指在外侧，将钞券横捏成瓦形，中指在中间自然弯曲。然后用左手将捆钞条抽出，右手将钞券快速移到下钞斗上面，同时用右手拇指和食指捏住钞券上侧，中指、无名指、小指松开，使钞券快弹回原处并自然形成微扇面，这样即可将钞券放入下钞斗。如图 2-32 所示。

图 2-32

2. 点数

将钞券放入下钞斗，不要用力。钞券经下钞斗通过捻钞轮自然下滑到传送带，落到接钞台。下钞时，点钞员眼睛要注意传送带上的钞券面额，看钞券是否夹有其他票券、损伤券、假钞等，同时要观察数码显示情况。拆下的封条纸先放在桌子一边不要丢掉，以便查错用。如图 2-33 所示。

3. 记数

当下钞斗和传送带上的钞券下张完毕时，要查看数码显示是否为"100"。如显示的数字不为"100"，必须重新复点。在复点前应先将数码显示置"00"状态并保管好原把捆钞条。如经复点仍是原数，又无其他不正常因素时，说明该把钞券张数有误，即应将钞券连同原捆钞条一起用新的捆钞条扎好，并在新的捆钞条上写上差错张数，另作处理。一把点完，计数为百张，即可扎把。扎把时，左手拇指在钞券上面，手掌向上，将钞券从接钞台里拿出，把钞券蹾齐后进行扎把。如图 2-34 所示。

4. 盖章

复点完全部钞券后，点钞员要逐把盖好名章。盖章时要做到先轻后重，整齐、清晰。

项目二　点钞技能

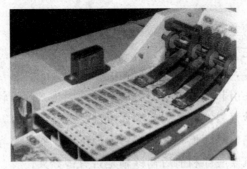

图 2-33

图 2-34

由于机器点钞速度快，要求两手动作要协调，各个环节要紧凑，下钞、拿钞、扎把等动作要连贯。当右手将一把钞券放入下钞斗后，马上拆开第二把，准备下钞，眼睛注意观察传送带上的钞券。当传送带上最后一张钞券落到接钞台后，左手迅速将钞券拿出，同时右手将第二把钞券放入下钞斗，然后对第一把钞券进行扎把。扎把时眼睛仍应注意观察传送带上的钞券。当左手将第一把钞券放在机器左侧的同时，右手从机器右侧拿起第三把钞券做好下钞准备，左手顺势抹掉第一把的捆钞条后，左手迅速从接钞台上取出第二把钞券进行扎把。这样顺序操作，连续作业，才能提高工作质量和工作效率。在连续操作的过程中，须注意以下问题。

① 每把捆钞条要顺序更换，不得将前把与后把捆钞条混淆，以分清责任。

② 钞券进入接钞台后，左手取钞必须取净，然后右手再放入另一把钞券，以防止出现串把现象。

③ 如发现钞券把内有其他券种或损伤券及假币时，应随时挑出并补上完整券后才能扎把。

二、机器点钞技巧

1. 操作技巧

机器点钞连续操作，归纳起来要做到"五个二"。

二看：看清跑道票面，看准计数。

二清：券别、把数分清接钞台取清。

二防：防留张，防机器吃钞。

二复：发现钞券有裂缝和夹带纸片要复点，计数不准时要复点。

二经常：经常检查机器底部，经常保养、维修点钞机。

2. 防差错技巧

机器点钞容易发生的差错和防止方法如下。

（1）接钞台留张　左手到接钞台取钞时，有时会漏拿一张，造成上下把不符。防止方法：取尽接钞台内的钞券，或采取不同的票面交叉进行清点。

（2）机器"吃钞"　引起机器"吃钞"的主要原因是：钞券较旧，很容易卷到输钞轴上或带进机器肚内；出钞歪斜，容易引起输钞紊乱、挤扎或飞张，也有可能被下钞轮带进机器肚内。防止方法：调整好面板和调节螺钉，使下钞流畅、整齐。输钞紊乱、挤扎时要重新清点一遍。要检查机器底部和前后输钞轴是否有钞券夹住。

（3）多计数　造成多计数的原因主要有：机器在清点辅币、旧币时容易发生飞张，造成多计数；钞券开档破裂，或一把钞券内残留纸条、杂物等，也会造成多计数。防止方法：可将钞券调头后再清点一遍，或将机器内杂物、纸条取出后再点一遍。

（4）计数不准　计数不准除了电路毛病和钞券本身的问题外，光电管、小灯泡积灰、或电源、电压大幅度升降都会造成多计数或少计数。防止方法：经常打扫光电管和小灯泡灰尘；荧光数码管突然计数不准时要立即停机，检查机器的线路或测试电压等。

三、机器点钞应注意的问题

① 送钞是机器点钞的关键。送钞要稳，钞票放置的位置、角度应合适。

② 提高机器点钞速度的关键在于提高动作的连续性。拆把、送钞、取钞、捆扎动作应衔接紧密、迅速、准确，快而不乱。

▶ 实训案例

教师按照上述步骤逐个指导学生动手练习，掌握机器点钞的方法与要领。

▶ 活动练习

要求学生进行机器点钞练习。

学习任务六
票币整点业务

▶ 学生的任务

◇ 要求学生掌握票币整点的方法。
◇ 要求学生能动手正确进行票币的整点。

▶ 教师的任务

◇ 讲解票币整点等主要知识点。
◇ 指导学生进行票币的整点。
◇ 指导学生完成本次教学活动练习。

教学活动　票币整点业务操作

活动目标

掌握票币整点业务的相关知识与操作。

知识准备

票币整点是银行出纳的基础工作。票币整点工作包括对票币的分类、分版、点数、挑残、反假、反破坏以及按规定标准进行整理、封装等各项工作。每个出纳部门、每个出纳人员都应该熟练掌握整点技术，严格执行整点工作的标准和规定。

一、票币整理、捆扎、封装标准

纸币必须平铺整理，同面额、版别的票券、按流通券、损伤券分别整理，每百张为一把，每把票券要蹾齐，腰条要扎紧，边章要盖清。同面额、版别的票券，按流通券、损伤券每十把为一捆，每捆票券捆扎前预敷垫纸，然后用线绳呈双十字形捆扎牢固，结扣处加贴本行该面额票券的专用封签，封签上须有封捆日期及封包员、检查员名章。

硬币同面额、规格的币种，按流通币、损伤币分别整理，每百枚（或五十枚）为一券，用专用包装纸包封，加盖名章。同面额、规格的币种按流通币、损伤币每十卷为一捆，每捆硬币捆扎前预敷垫纸，然后用线绳捆扎两道，成为3—4—3卷重叠排列的不等边六角形，加贴本行该面额票币的专用封签，封签上须有封捆日期及封包人，检查员名章。

票币装箱（袋）时，必须由二人以上共同办理，逐捆卡把查验封签，填制装箱（袋）票，注明币种、券别、捆数、金额、日期、加盖经手人名章，放置箱（袋）中，再将箱（袋）加封。同面额、版别的票币，要区分流通券（币）、损伤券（币）分别装箱（袋），不得混淆。人民币装箱（袋）的标准数量是：1元及以上纸币，每袋40捆；1角及以上纸币每袋80捆；1分及以上纸币，每袋100捆；1元硬币每箱4捆；5角硬币每箱8捆；1角硬币每箱10捆；5分硬币每箱20捆；2分硬币每箱25捆；1分硬币每箱40捆。

二、票币挑剔标准

挑剔损伤票币（人民币），是银行出纳工作的一项重要任务，同时又是一项十分繁重、具体的工作。挑剔损伤票币是为了保持市场票币的整洁，便于流通使用，维护人民币信誉，同时也要根据国情、国力，贯彻节约的原则。

柜员在收付、整点人民币时，要随时挑出损伤币。损伤人民币的挑剔参照以下标准办理：

① 纸币票面缺少面积在20平方毫米以上；

② 纸币票面裂口两处以上、长度每处超过5毫米，裂口一处、长度超过10毫米；

③ 纸币票面存在纸质较绵软，起皱较明显、脱色、变色、变形，不能保持票面防伪功能等情形之一；

④ 纸币票面污渍、涂写字迹面积超过2平方厘米，或者不超过2平方厘米但遮盖了防伪特征之一；

⑤ 硬币有穿孔、裂口、变形、磨损、氧化及文字、面额数字、图案模糊不清。

上述挑剔标准只是一般规定，各银行应根据中国人民银行一定时期内的具体要求，结合实际，灵活运用执行。

三、票币整点的标准

票币整点要达到点数准、整理齐、封扎牢、分类净、盖章清等五项质量标准。认真执行上述标准,既可保证票币的外观质量,又可保证票币的内在质量,从而达到确保现金及有价证券的质量和银行信誉的目的。

四、票币复点和监督

为了保证款项质量,防止漏洞,维护银行信誉,各银行出纳部门应对收入和调入的1元及以上面额人民币流通券纸币和准备调出的1角及以上面额的损伤券纸币进行事后复点。事后复点工作应指定专人,执行足捆复点,由复点员一人自点、自捆、自封的规定,以保证责任制的落实。

实行柜员制的单位,对出纳收款柜员收妥的款项亦应随时进行事后复点监督,监督的范围和办法可参照票币复点的范围和办法执行。

五、整点业务处理程序

整点专柜一般不直接对外办理业务,它的业务主要包括:
① 从收款专柜交接来的需要当面清点的款项;
② 从收款专柜交接来的需复点的款项;
③ 从库房出库的未整理款项和复点款项;
④ 从库房出库的他行调入款项。

六、整点业务的重点环节

① 整点款项的转移必须办理交接手续,逐岗、逐笔进行交接登记,交接双方相互签章,使之秩序井然,责任清楚。

② 票币整点必须坚持一份一清、一捆一清、一把一清的原则。一份款未点清前不得与他份或其他款项混淆;一捆款未点清前,不得丢弃原封签;一把款未点清前,不得丢弃原纸条。保证整点工作不错不乱。

③ 票币挑剔须严格掌握规定标准。提高警惕,随时防堵伪造变造票券。

 活动练习

1. 思考题

损伤人民币的挑剔标准是什么?

2. 实训练习

训练项目:单指单张点钞、扇面点钞、四指点钞的方法,参照以下标准进行达标练习。

评价标准1:课堂考核标准。(具体要求见下表)

成绩采用五级制

考核方式	考核标准	成绩	备注
单把方式	30秒以内	优	点钞方式单指单张 点钞内容:100张抽张点、捆,在准确率100%的基础上计算成绩,捆紧并美观
	30~35秒	良	
	36~40秒	中	
	41~45秒	及格	
	超过45秒	不及格	

续表

考核方式	考核标准	成绩	备注
多把方式	16 把	优	点钞方式单指单张 点钞内容：10分钟计时点、捆，在准确率100%的基础上计算成绩，捆紧并美观
	14 把	良	
	12 把	中	
	10 把	及格	
	低于 10 把	不及格	

评价标准2：练习标准。（具体要求见下表）

时间标准：10分钟

标准及项目		单指单张		多指多张	
		散把	整把	散把	整把
普通级	三级	400	500	600	800
	二级	500	600	800	900
	一级	700		1,000	
能手级	三级	1,800		3,000	
	二级	2,000		3,400	
	一级	2,400		4,000	

评价标准3：晋级标准。（具体要求见下表）

点钞技能量化标准

点钞方式	等级	3分钟点钞张数	百张所用时间/秒
单指单张	一	800 张以上	22.0 以内
	二	700～799	22.1～23.9
	三	600～699	24.0～25.9
	四	500～599	26.0～27.9
	五	400～499	28.0～29.9
扇面	一	900 以上	20.0 以内
	二	800～899	20.1～22.0
	三	700～799	22.1～24.0
	四	600～699	24.1～26.0
	五	500～599	26.1～28.0
多指多张	一	1000 张以上	17.0
	二	800～899	17.1～20.0
	三	700～799	20.1～22.0
	四	600～699	22.1～24.0
	五	500～599	24.1～26.0

另附某商业银行内部手工点钞测评标准。

要求：测试10分钟每100张扎小把、盖章。

1. 扎把等级标准

    （1）单指单张　标准要求如下。

    一级能手：2400 张。

    二级能手：2200 张。

    三级能手：2000 张。

    （2）多指多张　标准要求如下。

    一级能手：3800 张。

    二级能手：3300 张。

    三级能手：3000 张。

2. 散把等级标准

    （1）单指单张　标准要求如下。

    一级能手：2600 张。

    二级能手：2300 张。

    三级能手：2100 张。

    （2）多指多张　标准要求如下。

    一级能手：3400 张。

    二级能手：3000 张。

    三级能手：2700 张。

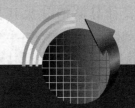

项目三
计算器的使用与传票

学习目标

◇ 掌握计算器的分类。
◇ 掌握计算器各个功能键的功能和使用方法。
◇ 能利用计算器对各类传票进行汇总计算。

技能目标

◇ 掌握小型计算器的操作要领，能够准确、快速、熟练地使用小型计算器进行账表、传票计算。
◇ 20分钟完成一套传票实训试题，5分钟内完成百张传票计算，要求准确率达到100%；15分钟完成一套账表算题，要求准确率达到100%。

学习任务一
电子计算器简介

学生的任务

◇ 要求学生掌握计算器的分类和计算器的各个按键的功能。
◇ 要求学生能动手操作计算器。
◇ 要求学生能用利用计算器各个键的功能进行计算。

教师的任务

◇ 讲解计算器各个按键的功能。
◇ 指导学生进行计算器的操作练习。
◇ 指导学生完成活动练习。

 教学活动　计算器的功能和使用方法

活动目标

掌握计算器各个按键的功能和使用方法。

知识准备

一、计算器的分类和构造

计算器的发展仅有半个世纪的历史。尽管历史不长，但发展很快，由开始的机械化走向当今的电子化。电子计算机已经由第一代（1946~1958年）的电子管机，进化到第二代（1958~1964年）的晶体管机、第三代的（1964~1971年）集成电路机。由于大规模集成电路（第四代，1971~1980年）技术的飞跃发展，集成电路机更新的周期一再缩短。以体积小、重量轻、耗能少、功能强，使用简便等微型为特点的机型相继面世，换代产品不断涌现，其应用范围也在不断地扩大到各个领域。到第五代，计算机将具有和人一样能看、能听、能说和能思考的能力。

电子计算器是在微型计算机的基础上产生的一种简易的计算工具。由于它具有体型轻巧、无噪声、携带方便，操作简单等特点，它已是人们日常工作、生活中所喜欢的计算工具。

1. 电子计算器的分类

随着计算器的不断发展，人们对计算器的需求也在扩大。市面上的计算器种类繁多，本书以卡西欧（CAS10）计算器的几种型号为例，为大家进行简单的介绍。

（1）电子计算器按外形分类

① 袖珍式：数码采用液晶显示，电源使用纽扣式电池。

② 便携式：数码采用组合荧光数码管，电源一般使用干电池或充电电池。

③ 台式：适用于室内工作台上操作，电源一般是交流电或镍镉充电电池，数码采用荧光数码管。

（2）按功能分类

① 简易型：只能进行加、减、乘、除的算术四则运算。

② 一般型：除算术四则运算外还可进行乘方、开方、倒数、百分数等运算。

③ 函数型：除具有一般型的运算功能外，还可进行三角函数、反三角函数、对数指数等运算。

④ 专用型：除进行一般型运算外，不可根据特殊要求完成特定功能的运算。有的可以计算家庭收支；有的可以出算题，改题和评分等。

（3）按显示器的位数分类　分为8位计算器、10位计算器、12位计算器、16位计算器四种。

2. 电子计算器的基本构造

目前进入市场的电子计算器种类繁多，型号不一，而它们的构造要求不外乎输入、输出、运算、存储、控制、显示等功能。

（1）键盘（输入装置）　计算器表面所有的外露按键，包括开关部分都被称为键盘。它是用以输入计算器计算数据和指令的装置。

（2）存储器　用以存储（记忆）计算数据、指令及译码。存储器包括数码寄存器、写入线路、存储单元，读数放大器，地址寄存器等。附加存储器M，可根据指令显示的数据执行存储（记忆）并进行累加、累减的运算。

（3）控制器　控制器是指根据输入信息的指挥正确运行的部件。它既能（将）输入的信息转译成存储器"懂得的语言"，又能把存储数据和运算结果转换成显示器能够正确显示的信息；同时它还有控制和协调各装置的运算功能。

（4）显示器（输出装置） 用以显示计算结果的装置。显示器有"组合荧光数码管"和"液晶数码管"两种，后者具有省电和寿命长的优点。

二、电子计算器各部件的名称及功能

电子计算器的种类繁多，虽然它们的基本功能和操作方法相似，但不同型号计算器的功能键的功能不尽相同。这里仅以国产 CASIO DM-1200 电子计算器为例，对各部件的名称和功能加以介绍。使用其他型号的计算器时，一定要阅读所用计算器的说明书。

1. CASIO 计算器简介

① 有效数位：12 位。
② 计算功能：加、减、乘、除四则运算及累计、百分数等运算。
③ 小数点方式：浮点式。
④ 电源：五号电池两节。
⑤ 使用温度：0~40℃。
⑥ 计算器的外形。如图 3-1 所示。

图 3-1

2. 部件名称及功能

现将计算器各部件名称和功能简介如下。

（1）电源开关键

① 开启键【ON/AC】：电源开启，在运算中按一次清除输入错误，按两次则清除记忆总和外所有数据。

② 关闭键【OFF】：按键后切断电源，显示器为空白。

（2）显示器 这是输出装置，把计算结果显示出来。

（3）输入键

① 数字输入键［1］、［2］、［3］、［4］、［5］、［6］、［7］、［8］、［9］、［0］用来输入数字，输入的顺序是从高位到低位，按一次键，输入一位数字。

② 小数点键［.］用来输入小数。未按此键前输入的数据是整数，按此键后输入的数据是小数。

（4）运算键

① 加号键［+］进行基本加法和连加的运算。

② 减号键［-］进行基本减法和连减的运算。

③ 乘号键［×］进行基本乘法和连乘的运算。

④ 除号键［÷］进行基本除法和连除的运算。

⑤ 等号键［=］在两项数字相加、相减或相乘、相除后按此键，可得出计算结果；作乘幂运算时，可在按［×］键后，连续按此键即得出结果。加、减、乘、除键都可代替等号键。

⑥ 开平方键［√］进行开平方运算。按此键后不必再按等号键，即可得出结果。

⑦ 百分数键［%］进行百分数运算和加减或折扣的运算。按此键后不必再按等号键，即可得出结果。

⑧ 累计键。包括累加键［M+］和累减键［M-］，它们是把输入的数或中间计算结果进行累加、累减。

⑨ ［→］右移键：屏幕值向右位移；删除最右边尾数。

(5) 累计显示键［MR］ 是把累计存储结果的数字显示出来。

(6) 消除键

① 总消除键［C］是把显示器上所显示的数字全部消除，但不消除存储的累计数字。

② 部分消除键［CE］是消除运算键后的数，或当即输入的数。例如：在运算时输入75+42后，发现42应改为48，则按［CE］键将42消除掉，只需再输入48即可完成计算。［CE］消除键也不能消除累计存储数。

③ 累计数消除键［MC］是把累计数消除掉，只能消除存储器中的数字，而不能消除显示器上的数字。它与［C］键同时使用，才能把显示器上的数字消除掉，使显示器为"0"。

(7) ［MU］损益运算键

例如：成本为100元的商品，若想获得30%的利润，售价的快速计算可用100÷30［MU］=142.86。

(8) ［00］快速增"0"键 按一下，同时出现两个"0"。

三、计算器的优点及使用注意事项

1. 电子计算器的优点

计算器在市场上广泛应用，它具有以下优点：

① 操作简便；

② 运算速度快，准确性强；

③ 有较好的通用性；

④ 成本低；

⑤ 可携带性、稳定性好。

2. 使用注意事项

① 电子计算器的外壳一般都是由塑料制成的，内部是大规模集成电路。所以要妥善保管，不宜受到重的敲、压或震动。

② 使用完毕后，应及时关闭电源放在阴凉干燥处，如长时间不用，应取出电池，以防电池老化出水而腐蚀计算器内部结构。

③ 当电池将要用完时，显示屏的显示变得暗淡，有的显示错误运算结果。这时应更

换新电池。更换电池时，要把旧电池全部换掉，不可部分更换。

④ 计算器不要放在温度忽高忽低或温度高、湿度大的地方；也不要放在灰尘多的地方，特别要注意防止金属粉末进入机体。

⑤ 计算器除尘时，要用柔软的干布轻轻揉擦，不可用溶液洗刷或湿布擦。

⑥ 使用计算器前，要首先阅读该机的使用说明，查明该机的各功能键的功能、使用方法及操作程序；否则会出现运算错误。

⑦ 计算器的适应温度为 0~40℃。不要超出适应温度使用，以确保机器的正常运行；超出适应温度会使机件受损，运算会出现错误。

⑧ 使用计算器接通电源开关后，在输入数据前要先按清除键，将计算器中存储的数据全部消除后在进行运算。

⑨ 按键的速度不能超过显示屏显示速度，否则会漏输数据的情况，造成计算错误。

⑩ 使用计算器的过程，按键不要用力过猛，或长时间按键不离手；也不要同时按下两个功能键，以防损坏部件，造成故障。

活动练习

练习计算器各个功能键的使用。

学习任务二 计算器操作指法

学生的任务

◇ 要求学生掌握计算器操作时的姿势、指法和操作规程。
◇ 要求学生能动手操作计算器。
◇ 要求学生能够利用计算器各个键的功能进行计算。

教师的任务

◇ 讲解计算器的使用指法。
◇ 指导学生进行计算器的操作。
◇ 指导学生完成活动练习。

教学活动　计算器的操作知识与指法

活动目标

掌握计算器的操作方法。

知识准备

一、计算器录入的标准姿势

标准的计算器录入姿势应当能使人长时间、舒适地进行录入工作，既有利于身体健康又给人以美感。

1. 身体

上半身应保持颈部直立，使头部获得支撑，两肩自然下垂，上臂贴近身体，手指弯曲呈 90°。操作小键盘时，尽量使手腕保持水平姿势，手掌中线与前臂中线应保持一条直线；下半身腰部挺直，膝盖自然弯曲呈 90°，并维持双脚着地的姿势；不要交叉双脚或单脚立地，以免影响血液循环。身体姿势如图 3-2 所示。

图 3-2

2. 物品摆放

计算器录入需要以下物品：计算器、计算资料、笔。在摆放这些物品之前要注意保持桌面干净、平整。

计算器及计算资料的摆放要合适，将计算器置于右手处，计算资料平摊于左手处，始终保持身体的中轴位置。如图 3-3、图 3-4 所示。

图 3-3

图 3-4

3. 手指

右手腕与手肘成一条直线，手指弯曲自然适度，轻松放于基本键上（图 3-5）。在操作时不要将手腕置于桌面上，这样有利于减少操作时因摩擦对手腕腱鞘等部位的损伤。敲击键盘时以用力轻松、适中为好，不要用腕力而尽量靠臂力操作，减少手腕受力。

4. 握笔

运算时养成良好的握笔习惯，以提高工作效率。下面介绍三种握笔方法，可根据计算内容及个人情况选择。

（1）右手握笔 以小拇指和大拇指握笔为主，当小拇指按键时大拇指握笔，当大拇指按键时小拇指握笔，以便及时记录计算结果，节省拿、放笔的时间。如图 3-6、图 3-7 所示。

项目三　计算器的使用与传票

图 3-5

图 3-6

图 3-7

（2）左手握笔　以小拇指和无名指将笔勾住，使之横握在手心；需要用笔书写时，换右手书写，写完后恢复左手握笔。如图 3-8、图 3-9 所示。

图 3-8

图 3-9

（3）不握笔　一般不采用，只在计算传票时，将笔置于计算器与传票之间（图 3-10）。

图 3-10

二、输入数字指法

1. 指法定位

数字录入指法：中指放在数字键［5］（此键是基准键）上，食指放在［4］上，无名指放在［6］上，食指按［0］，［1］，［4］，［7］四个键，中指按［00］，［2］，［5］，［8］四个键，无名指按［.］，［3］，［6］，［9］四个键，小指按［－］，［＋］，［×］，［÷］，［％］，［＝］等键，大拇指按［0］键或者是夹笔，中指按过其他键后要自然回到基准键上，其余手指按过其他键后要自然收回靠近中指。数字键［4］，［5］，［6］，［0］称为原位键。如图3-11所示。

图 3-11

2. 正确的敲键方法

（1）手型　手指要保持弯曲，手要形成勺状。

（2）击键　不要用手触摸键，击键时手指尖垂直向键位使用冲击力，力量要在瞬间爆发出来，并立即反弹回去；也就是敲键时，手抬起，相应的手指去敲键，不可按键或压键。敲键之后手指要迅速回到基本键。敲键速度要均匀，有节奏感，用力不可太猛。大家初学打字时，首先要讲究敲键准确，其次再求速度。

（3）节奏　敲击键盘要有节奏，击上排键时手指伸出，击下排键时手指缩回，击完后手指立即回至原始基准位。

（4）力度　击键的力度要适中，过轻则无法保证速度，过重则容易疲劳。

（5）分工　各个手指分工明确，各守岗位，绝不能越到别的区域去敲键。

3. 指法练习方法

（1）基本指法练习　此练习也是对数字键的练习。基本指法练习的最终目的是实现键盘盲打。

① 中排键练习。首先是从食指到小指，逐个指头击键三次，然后用拇指击［0］键，寻找指法和手感以及揣摩击键的方法。第二步，配合练习软件按照屏幕的提示，进行盲打，寻找正确的键位，直到能够盲打为止。

② 上排键练习。在进行上排键的练习前一定要掌握中排键的击键方法，并按照中排键的击键练习步骤进行。

③下排键练习。下排键的练习方法与上排键的练习相同,在中排键的基础上进行。最后可以混合三排键进行练习。

(2)数字录入训练 数字的录入训练,也是以原位键的训练为基础,扩展到其他外围键的。

实训案例

数字键输入训练,具体操作:看、记、能够用盲打的方式找出相应数字键的位置。

数字输入训练一:进行如下数字键输入。

46465　454655　45466　4455　665656　65465　444655　4654　445645　56456　5566
5466　5464　5656455　66645　654466　5454664　458　4566565　4045　6606　04505
045650580　06504400　54　46000　600　054　665　50055　00640

数字输入训练二:进行如下数字键输入。

48648　9546　87884　4879640　876500　89465　07580　8795　406458　7845654
89765486785495　06874569　47850　786940　698754　58465　87954　65874858
876898　7406807789456　549808　5076090　870580　964798　897654　87899
546879540　687054　95764

数字输入训练三:进行如下数字键输入。

11638484　453377201　121085321　362147　159073121　324938745　39724
1917342　193832　27346945　4562113　0983212　111540　651234　56789　0528
0640　8709632　1432122　8735　5781268　7431　967137　419432　86714　198761
8745464　56　5454565

数字输入训练四:

从 1 开始,即 1+2+3+…+100=5,050 中间过程及结果如下。

加到的数	10	20	24	36	44	55	66	77	89	95	100
和数	55	210	300	666	990	1,540	2,211	3,003	4,005	4,560	5,050

活动练习

1. 运用计算器进行求和训练

练习 1

(一)	(二)	(三)	(四)
46	75	68	99
27	39	21	347
35	24	39	36
18	63	43	281
49	16	76	145
67	25	92	63
23	47	85	578
84	82	13	694
19	54	69	25

<u>72</u>	<u>95</u>	<u>28</u>	<u>47</u>

练习2

（一）	（二）	（三）	（四）
639	7865	248	4682
2704	912	905	715
3185	470	8374	204
436	3894	4295	9376
7829	2736	7013	3048
104	813	649	739
5723	9037	378	1482
418	951	2054	347
2539	1075	236	296
<u>7124</u>	<u>438</u>	<u>8407</u>	<u>5713</u>

练习3

（一）	（二）	（三）	（四）
14316	46038	27816	35612
59467	72415	453128	43078
306841	39752	96037	29461
61075	804913	629413	854912
378236	27846	816579	760835
46702	572913	45381	34762
194073	64795	137218	902413
53847	4920807	90432	65701
70419	17426	75618	249375
<u>47823</u>	<u>684751</u>	<u>14025</u>	<u>13416</u>

2. 功能键实际操作训练

$4\times5+5\times6+6\times7+7\times8=?$

$4\times5+5\times6-6\times10=?$

3. 银行柜员张明为客户李丽办理现金存入业务，其中100元76张，50元87张；20元64张；10元53张；5元41张；1元32张；5角91枚硬币；1角55枚硬币。请利用计算器帮助张明快速计算总金额。

学习任务三
计算器计算账表和传票

学生的任务

◇ 要求学生掌握计算器账表算的基本方法。

◇ 要求学生掌握计算器传票算的基本方法。

教师的任务

◇ 讲解计算器账表算与传票算的具体操作。
◇ 指导学生进行计算器的操作练习。
◇ 指导学生完成活动练习。

教学活动 1　计算器的账表算

活动目标

掌握计算器账表算的操作方法。

知识准备

账表算与传票算是会计、出纳、统计等日常工作的主要业务，在实际工作中应用极其广泛，掌握其操作技术是银行工作的一项极为重要的基本功，也是竞赛的主要项目。

在经济业务中，企业部门的会计核算、统计报表、财务分析、计划检查等业务活动，其报表资料的数字来源都是通过会计凭证的计算，汇总而获得的。这些会计凭证的汇总即传票运算，其运算速度及结果准确与否，直接影响到各个项目业务活动数据的可靠性、及时性；而报表、汇总表均属于表格计算，通过这些报表汇总运算，取得有效数字，从而为有关部门制定政策提供数字依据，可见账表算和传票算是财会工作者日常工作中的一项很重要的基本功。

随着计算器的广泛使用，传票算的小键盘形式，也日益成为各工商企业（收银员）、金融业（储蓄员）处理日常业务的基本方式。小键盘数字录入的快速与准确，也成为评判从业者业务素质高低的标准之一。为此，学习和训练传票算、账表算是非常必要的。

一、账表算的含义

账表算又称表格算，是日常经济工作中最常见的加减运算形式。会计报表的合计、累计、分组算等均属于此类运算。账表算和传票算一样，属于金融技能比赛项目，它可以根据其本身计算特点检验出运算正确与否，所以许多计算者又利用账表算进行加减准确程度的训练。

二、账表算的操作方法

账表中的纵向题与珠算等级练习题相同，把账表放在计算器下面，左手指数，并随着计算把题单向上推，使其计算的行数尽量与计算器的距离接近，以便看数、输入、抄写答数能快速进行。

账表算的运算方法来源于加减法，只要加减法的基本功扎实，就比较容易轧平账表。

1. 计算器和报表的位置

计算器和报表尽量接近，以便看数、敲键、抄写答数能快速进行。

2. 功能键的设定

由于账表算均为整数，所以可以将功能键 F420A 定位在 0。

3. 眼手的配合

计算器运算，首先遇到的是看数，看数的快与准直接影响到以后的计算速度和准确率，最好开始时就养成一眼一笔数的好习惯；如果不能这样，也可以分节看数，分节次数越少越有利于运算速度的提高。

账表算中的横向算题因平时练习较少，较好的打法是"钟摆式"，即第一题→、第二题←、第三题→、第四题←、第五题→。左手指数（小拇指指第一组数，无名指指第二组数，中指指第三组数，第四第五组数不用手指，直接眼看入）。

看数时应注意以下三个问题：

① 尽量缩短计算资料离键盘的距离；
② 看数时切忌念出声；
③ 看数时头不要上下或左右摆动。

三、账表算合计数字的书写

计算完毕，将小键盘上的答案记录下来，这是运算的最后一个环节。表面上看抄写数字与计算关系不大，但一道题的正确与否，除取决于运算是否正确以外，还与抄写数字有较大的关系。一是数字抄写是否正确、清晰、整齐；二是抄写是否快捷。

在运算过程中，要养成笔不离手的习惯，写数时，应在准的基础上求快。要养成盯盘写数的好习惯，这就要锻炼眼睛捕捉盘上数字的能力。当一道题计算完毕，眼睛盯盘，在确定写数位置后，一笔数就从高位到低位很快写完。写数时从高位到低位连同小数点和分节号要一次写完，切不可写完数后再点小数点和分节号，以免出错而且效率低。

四、账表算的计分方法

账表算比赛时的计分方法采用 200 分制，每张表满分 200 分。其中纵向题每题计 14 分，横向题每题计 4 分，轧平数计 50 分（横向或纵向任错一题，即使轧平数是正确的仍不得分），只有百分之百正确才能得到 200 分。如果考试和练习时采用 100 分计，那么其中纵式题每题 7 分，横式题每题 2 分，轧平数 25 分（横向或纵向任错一题，即使轧平数是正确的仍不得分）。

五、账表算的训练

账表算计算方法较多，要求快速、准确，无论是横式算题，还是竖式算题都要手、眼、脑相结合。训练时应注意以下几个方面。

1. 看数

看数是关键，应经常进行看数练习。在账表计算中，除练习竖式加减题看数外，还要特别注意练习横式算题看数。因横式算题所占比重较大，直接影响运算速度，只有横向看数熟练了才能做到按键顺畅有序、干净利落。

2. 准确率

运算时精力要集中，并增强排除干扰的能力，特别是比赛时要做到临场不乱，稳定情绪不急躁，才能防止差错，把表扎平。

3. 书写速度

因账表写数较多，要特别注意练习盯着显示器写数，提高写数速度与质量。

4. 准中求快

练习时出现错误要及时查明原因。正确处理快与准的关系，做到在准确的基础上求快。

实训案例

账表算的一张表格由 5 列 20 行组成。即纵向 5 个算题，横向 20 个算题，最高位数为 8 位，最低位数 4 位，每道题均衡排列，横式每题 30 个数字，竖式每题 120 个数字，一张表由 600 个数字组成。如表 3-1 所示。

表 3-1   单位：元

账表算						
	一	二	三	四	五	合计
一	780,126	45,931	6,175	83,295,047	4,609,723	
二	1,047	90,283,675	8,360,952	47,961	−126,834	
三	53,026,894	402,756	81,073	2,135,789	5,163	
四	7,819,546	7,182	63,210,597	603,594	49,825	
五	25,084	6,309,217	395,148	2,906	81,730,642	
六	179,305	70,641	4,286	30,468,591	5,368,297	
七	5,093	19,863,274	7,081,564	40,826	495,173	
八	74,208,391	280,531	46,398	−1,584,267	2,097	
九	9,012,648	7,953	8,153	276,845	43,106	
十	28,736	4,908,635	284,056	1,704	29,035,871	
十一	607,153	92,784	17,490,328	69,204,351	7,420,698	
十二	1,879	43,156,809	3,107,642	51,043	798,561	
十三	80,324,196	720,643	81,974	2,105,769	9,835	
十四	5,608,471	4,698	40,293,157	−750,923	61,854	
十五	24,593	5,327,146	680,715	8,567	94,018,325	
十六	658,147	61,498	1,092	70,139,258	6,274,053	
十七	4,236	13,705,289	4,057,319	82,769	−190,485	
十八	19,780,643	781,425	63,091	3,715,284	5,926	
十九	3,956,124	5,804	79,426,583	930,124	81,067	
二十	78,269	6,130,529	675,294	6,831	17,042,538	
合计						

活动练习

利用计算器在规定时间内完成下列各题的运算。

账表算(一)

	一	二	三	四	五	合计
一	65,241,938	83,174	6,473	593,268	7,508,263	
二	109,863	6,529,417	51,840,329	70,426	9,546	
三	24,509	3,208	236,047	1,392,047	90,743,128	
四	1,876,245	84,069,537	19,825	7,598	−628,759	
五	7,054	590,326	8,560,791	62,385,014	43,021	
六	985,346	4,238,159	62,038,147	41,708	5,934	
七	39,285	7,265	759,803	8,230,947	85,049,367	
八	5,013,492	60,128,579	96,572	−3,296	172,839	
九	1,075	310,497	1,547,293	75,514,326	95,604	
十	61,850,437	65,083	8,406	901,865	9,126,078	
十一	25,971	2,759	290,184	4,590,682	31,469,207	
十二	8,370,592	17,059,263	16,209	7,184	283,569	
十三	6,471	98,435	7,129,546	62,594,073	80,512	
十四	39,062,814	17,694	5,830	−329,147	1,275,483	
十五	406,583	3,680,241	85,760,394	60,531	6,704	
十六	3,819,756	15,208,793	29,643	3,285	179,356	
十七	1,247	481,267	6,420,178	97,014,356	30,829	
十八	92,530,764	93,056	9,517	460,197	−7,426,051	
十九	401,857	1,836,547	12,085,639	28,309	8,436	
二十	29,068	2,095	841,053	6,820,475	52,801,467	
合计						

账表算(二)

	一	二	三	四	五	合计
一	57,280	7,096,213	953,481	3,609	10,437,286	
二	903,517	10,746	6,248	54,681,930	3,562,978	
三	5,093	81,476,539	4,601,587	−60,824	495,137	
四	94,710,835	580,321	82,694	7,845,162	7,209	
五	8,641,029	5,973	78,490,321	267,485	40,361	
六	24,163	4,096,835	285,046	1,074	72,089,153	
七	310,756	84,729	3,285	40,679,531	−4,802,679	
八	5,897	18,693,540	1,730,462	53,240	197,685	
九	64,293,108	267,034	81,947	8,195,627	5,938	
十	1,506,287	8,496	53,017,492	279,503	84,561	
十一	25,493	7,124,659	580,671	7,056	39,521,048	

续表

账表算（二）						
	一	二	三	四	五	合计
十二	786,415	89,146	9,023	35,206,198	6,274,530	
十三	4,236	95,271,830	1,047,539	82,971	−190,845	
十四	70,169,483	485,271	30,691	5,147,238	5,269	
十五	2,546,391	4,058	48,293,756	301,692	16,708	
十六	62,789	1,932,605	765,294	4,831	73,805,124	
十七	170,268	53,491	1,567	40,598,723	4,267,039	
十八	4,017	80,729,563	8,923,506	64,197	126,483	
十九	59,680,234	640,725	10,783	−7,981,523	3,176	
二十	4,759,681	1,827	60,271,935	409,365	94,528	
合计						

账表算（三）						
	一	二	三	四	五	合计
一	71,820,439	4,307	10,729	524,680	3,091,475	
二	83,741	5,103,698	371,986	5,048	94,506,137	
三	67,205,398	671,245	4,637,015	79,483	−5,283	
四	420,835	4,260,873	94,850	8,206	68,234,057	
五	5,074	97,528	5,081,627	92,145,768	190,284	
六	9,730,452	18,603,452	8,013	237,591	38,296	
七	6,209,847	5,196	794,251	83,642,710	79,061	
八	21,478	208,345	39,406,527	−7,038,294	1,642	
九	136,894	63,294	3,762	1,506,478	59,628,471	
十	85,209,146	5,912,078	98,105	7,134	250,713	
十一	592,680	9,503	64,109,258	68,703	5,037,468	
十二	1,608,395	91,607,438	420,763	39,278	5,246	
十三	5,173	178,246	6,592,378	95,062,483	70,314	
十四	2,601	5,910,823	84,605	39,608,271	−895,467	
十五	62,908,453	41,938	295,843	1,532,407	1,703	
十六	379,041	39,407,186	4,902	89,520	9,548,137	
十七	65,873	5,021	5,903,674	215,789	47,109,256	
十八	2,813,769	67,285	27,194,386	3,954	268,390	
十九	51,476	90,471,536	8,134	−698,135	6,320,819	
二十	9,213	984,267	85,926,713	7,054,968	68,095	
合计						

账表算(四)

	一	二	三	四	五	合计
一	90,145	2,841,367	804,326	5,895	61,530,798	
二	31,072	7,023,945	659,483	8,649	78,296,031	
三	7,296,804	5,173	95,021,876	406,532	41,289	
四	83,715,296	190,836	46,721	9,530,246	5,078	
五	8,137	94,026,175	2,658,493	42,068	−251,793	
六	913,578	45,298	30,491,578	29,764,831	3,016,475	
七	36,085	7,094,851	137,269	1,347	80,253,691	
八	8,294,673	6,095	4,602	246,589	30,267	
九	16,032,748	350,284	91,568	−7,031,895	4,591	
十	8,259	54,083,167	7,014,386	19,247	601,294	
十一	605,942	12,769	9,543	68,037,251	7,120,845	
十二	70,465	1,803,974	750,324	1,762	29,013,658	
十三	1,097,234	6,283	17,034,652	704,819	56,849	
十四	82,741,596	390,254	89,741	1,590,236	4,073	
十五	4,021	40,139,568	1,958,327	−57,064	982,367	
十六	392,645	73,296	7,082	67,035,981	4,208,135	
十七	6,059,834	1,627	25,381,907	310,578	−63,294	
十八	20,816,479	580,412	90,567	2,945,037	4,176	
十九	7,563	89,347,621	5,402,891	12,803	379,564	
二十	184,395	20,756	1,603	85,294,137	5,204,678	
合计						

账表算(五)

	一	二	三	四	五	合计
一	3,718	78,420,563	2,948,536	80,126	531,294	
二	98,176,253	179,608	70,692	3,298,014	8,075	
三	1,704,982	7,135	95,781,026	−510,362	62,591	
四	50,291	6,473,281	468,203	2,956	90,173,684	
五	638,459	50,123	3,018	91,823,547	8,205,467	
六	7,236	97,341,682	4,092,581	42,083	493,675	
七	29,401,768	564,109	54,726	7,506,439	7,834	
八	5,910,473	6,784	80,275,938	380,157	−82,493	
九	61,052	3,094,257	694,083	4,835	71,903,628	
十	698,203	29,478	1,736	70,831,964	8,130,256	
十一	4,236	59,013,286	4,375,291	65,097	721,938	

续表

账表算（五）						
	一	二	三	四	五	合计
十二	37,145,692	693,504	61,749	−6,908,531	4,309	
十三	1,704,528	8,267	83,075,124	280,479	26,598	
十四	35,706	1,096,382	407,235	9,214	18,503,629	
十五	490,854	34,178	2,934	41,075,836	7,420,187	
十六	68,709,412	750,243	85,196	3,290,765	1,475	
十七	3,627,945	2,095	40,379,815	843,172	−40,637	
十八	30,685	6,109,542	162,973	7,421	86,021,945	
十九	817,963	94,275	5,061	58,491,637	3,910,567	
二十	4,859	68,107,935	1,704,836	62,759	405,217	
合计						

账表算（六）						
	一	二	三	四	五	合计
一	780,126	45,931	6,175	83,295,047	4,609,723	
二	1,047	90,283,675	8,360,952	47,961	−126,834	
三	53,026,894	402,756	81,073	2,135,789	5,163	
四	7,819,546	7,182	63,210,597	603,594	49,825	
五	25,084	6,309,217	395,148	2,906	81,730,642	
六	179,305	70,641	4,286	30,468,591	5,368,297	
七	5,093	19,863,274	7,081,564	40,826	495,173	
八	74,208,391	280,531	46,398	−1,584,267	2,097	
九	9,012,648	7,953	8,153	276,845	43,106	
十	28,736	4,908,635	284,056	1,704	29,035,871	
十一	607,153	92,784	17,490,328	69,204,351	7,420,698	
十二	1,879	43,156,809	3,107,642	51,043	798,561	
十三	80,324,196	720,643	81,974	2,105,769	9,835	
十四	5,608,471	4,698	40,293,157	−750,923	61,854	
十五	24,593	5,327,146	680,715	8,567	94,018,325	
十六	658,147	61,498	1,092	70,139,258	6,274,053	
十七	4,236	13,705,289	4,057,319	82,769	−190,485	
十八	19,780,643	781,425	63,091	3,715,284	5,926	
十九	3,956,124	5,804	79,426,583	930,124	81,067	
二十	78,269	6,130,529	675,294	6,831	17,042,538	
合计						

账表算（七）						
	一	二	三	四	五	合计
一	23,475,986	1,069	38,056	612,480	4,723,095	
二	7,598	842,351	50,849,237	7,023,165	61,409	
三	12,043	96,054,718	4,065	−351,682	9,126,378	
四	9,834,725	13,284	97,530,482	9,130	541,067	
五	90,142	9,706	4,069,123	568,743	82,650,743	
六	693,207	60,237,845	5,861	17,986	6,178,052	
七	84,756,130	42,579	273,596	8,130,294	−3,968	
八	7,568	9,158,460	17,408	62,593,781	534,021	
九	3,197	670,284	9,540,231	25,169,408	65,370	
十	5,614,239	16,743,902	309,862	78,534	1,085	
十一	248,560	5,239	60,174,958	83,267	6,092,743	
十二	68,129,045	8,367,154	41,726	9,043	−837,592	
十三	947,218	90,825	7,835	4,623,017	76,241,903	
十四	70,843	169,480	10,329,578	6,029,541	6,217	
十五	3,126,570	3,725	530,189	54,791,068	48,296	
十六	7,652,831	73,021,468	6,472	−345,297	82,541	
十七	6,073	98,152	4,182,936	9,362	724,869	
十八	180,964	4,690,573	67,451	20,538,749	19,450,382	
十九	92,809,654	317,208	3,279,160	70,495	9,753	
二十	43,709	5,964,723	248,951	6,581	68,930,521	
合计						

账表算（八）						
	一	二	三	四	五	合计
一	980,364	71,052	5,861	80,794,263	5,137,209	
二	8,012	41,269,378	3,406,759	68,375	204,981	
三	79,265,134	905,763	40,127	1,420,598	−8,126	
四	8,493,510	7,129	68,437,052	205,836	14,798	
五	58,762	5,470,982	813,409	9,380	62,371,845	
六	170,498	12,479	5,263	68,395,124	9,507,368	
七	7,956	82,540,361	3,274,806	10,542	243,187	
八	30,419,267	715,048	36,924	−7,048,165	8,295	
九	8,752,496	8,173	17,265,890	436,529	41,039	
十	19,205	5,264,398	920,875	7,164	80,136,475	
十一	405,319	84,726	4,098	37,128,506	9,057,263	

账表算(八)

	一	二	三	四	五	合计
十二	7,403	31,560,298	1,526,983	−79,420	495,761	
十三	28,791,356	739,580	34,106	1,024,856	9,406	
十四	9,274,108	1,405	93,502,864	732,698	27,815	
十五	81,035	2,603,549	682,471	6,932	34,609,157	
十六	208,463	34,790	7,519	78,169,423	−8,025,961	
十七	6,328	40,719,256	9,130,487	31,579	278,406	
十八	42,037,861	138,645	59,721	8,170,495	5,320	
十九	9,134,725	2,068	10,725,463	905,781	37,946	
二十	75,469	2,693,871	851,379	4,073	50,213,684	
合计						

账表算(九)

	一	二	三	四	五	合计
一	9,582	36,810,475	7,603,184	45,297	140,296	
二	405,269	62,791	4,593	70,531,628	2,854,107	
三	65,074	9,173,048	350,742	2,176	35,180,962	
四	9,024,137	2,683	65,207,134	−798,041	46,598	
五	75,169,428	562,039	49,871	5,316,920	7,043	
六	1,042	80,193,465	3,725,198	60,574	683,297	
七	254,396	49,276	7,802	79,108,653	4,025,183	
八	8,430,659	2,167	18,953,027	785,031	−39,462	
九	64,197,208	850,214	67,905	5,937,042	1,763	
十	3,567	69,172,843	8,192,054	30,821	465,839	
十一	394,185	65,207	1,603	72,945,138	7,206,541	
十二	40,519	1,786,432	604,832	3,895	81,950,637	
十三	21,073	9,245,703	465,398	8,496	32,168,709	
十四	8,640,729	3,175	90,678,521	253,064	82,491	
十五	59,172,368	863,019	24,176	−6,540,293	7,508	
十六	7,831	27,506,941	5,968,234	62,048	−195,237	
十七	135,978	94,528	4,026	81,396,274	5,430,176	
十八	83,056	7,185,409	763,192	7,431	61,295,048	
十九	7,942,683	9,056	40,198,375	985,124	62,307	
二十	32,670,148	248,503	56,198	6,013,789	9,451	
合计						

教学活动 2　计算器的传票算

活动目标
掌握计算器传票算的操作方法。

知识准备

一、传票算的含义

所谓传票，为原始会计记录的一种。用以区分借贷、传票各有关部门的经办人员，作为登账、收付及审核的书面凭证。此项具有账单作用的记账凭证，是按每一交易事项，所分割的最小分录单位，亦即我国会计法所谓"会计凭证"的一种。

传票算也称为凭证汇总算，它是对各种单据、发票和记账凭证进行汇总计算的一种方法，也是加减运算中的一种常用方式。

二、传票的分类

传票按是否装订，可分为订本式传票和活页式传票两种。

1. 订本式传票

日常练习中，传票本是练习传票算的依据。订本式传票本，一般每本为 100 页，每页的右上角印有阿拉伯数字表示页码，每页传票上有五笔（行）数字，每行数字前自上而下依次印有"（一）"、"（二）"、"（三）"、"（四）"、"（五）"的标志，"（一）"表示第一行数，"（二）"表示第二行数，以下同理。每行最高位数有七位数字，最低位数有四位数字。如图 3-12 所示。

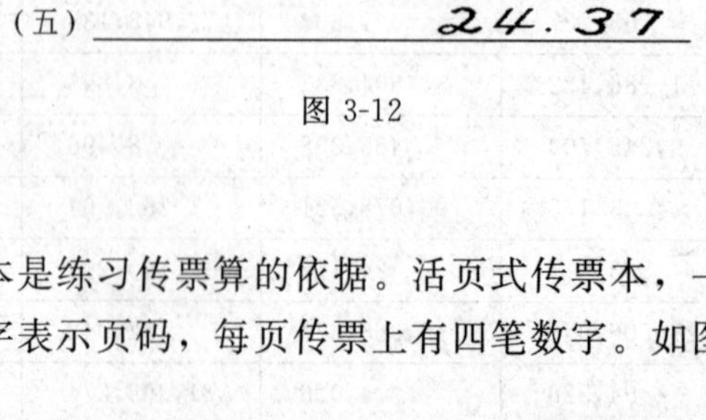

```
                              30
（一）        59,763.14
（二）           295.67
（三）            75.24
（四）         6,572.84
（五）            24.37
```

图 3-12

2. 活页式传票

日常练习中，传票本是练习传票算的依据。活页式传票本，一般每本为 100 页，每页的右上角印有阿拉伯数字表示页码，每页传票上有四笔数字。如图 3-13 所示。

3. 传票算的运算要求

根据传票算的运算特点，计算时除用算盘或小键盘外，另需一张传票算试题答案纸，传票算每 20 页为一题，运算数 110 个。例如，表 3-2 中，第一题要求从第 37 页起，运算到 56 页截止，"（二）"表示把每页第二行数字累加起来，然后将结果填写在答案栏中。

项目三 计算器的使用与传票

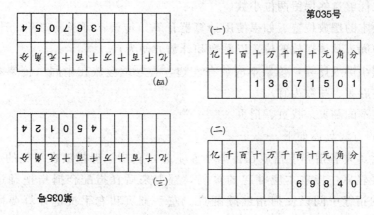

图 3-13

表 3-2

题号	起讫页数	笔数	答案
1	37～56	(二)	
2	57～76	(三)	
3	41～60	(一)	
4	3～22	(四)	
5	16～35	(三)	
6	64～83	(四)	
7	72～91	(一)	
8	61～80	(二)	
9	62～81	(一)	
10	63～82	(四)	

4. 传票算的具体运算步骤与方法

（1）整理传票本　传票运算时左手要翻页（打一页翻一页），为了提高运算速度加快翻页的动作，避免翻重页或漏页的现象，运算前除了应检查传票本有无缺页、重页或数字是否清晰以外，还需将传票本捻成扇面形状。

捻扇面的方法是：用左手握住传票的左下角，拇指放在传票封面的上部，其余四指放在传票本背面；右手握住传票的右上角，拇指放在传票封面的上部，其余四指放在传票背面，左右手协调配合向胸前方向捻动，形成扇形后，用票夹将传票本左上角夹住，以固定扇面。扇面形状的大小依需要而定，不宜过大，一般封面与封底外侧上角偏出最大距离应在1～2厘米，否则左手翻动起来不方便。

（2）调整计算器的功能键　小数点选位键 F420A 定位在 2。因为传票算都是含有角分的金额单位，一般都是两位小数，所以通过定位就可以避免计算时反复按小数点，同时最后的答案也能够自然保留两位小数。

（3）传票本的摆放位置　如果使用计算器计算，传票本可摆放左侧，计算器在右侧，答题纸放在中间，具体摆放的位置以看数和计数方便为宜。

如果使用小键盘计算，传票本应放在左边，答题纸应放在中间（传票本应压住答题纸，以不影响看题、写数为宜）。

（4）传票本的翻页、找页、记页

① 翻页的方法具体如下。

左手小指、无名指和中指放在传票本左下方，食指、拇指放在每题的起始页，用拇指的指肚处轻轻靠住传票本应翻起的页码，翻上来后食指配合拇指把翻过的页码夹在中指与食指的指缝中间以便拇指继续翻页。左手翻页和右手按键计算要同时进行，每翻动一页，均迅速将数输入盘中，票据也不宜掀得过高，角度越小越好，以能看清数据为宜。

② 找页的方法具体如下。

找页是传票算的基本功之一，由于传票试题在拟题时并不按自然顺序，而是相互交叉，这就需要在运算过程中前后找页。如第二题第三行第 28 页到 47 页，当第二题计算完毕，在写数清在写数清盘的同时，必须用眼光看下一题起始页，然后左手迅速翻找，当第二题答数抄完，清盘后即可进行下一道题运算。找页应刻苦练习，首先练习手感，如传票每本 100 页，厚度是多少？用手翻找 15 页、30 页、50 页、70 页各有多厚？经过一段时间的刻苦练习，自然就有了手感基础。其次要求能迅速准确找出各题起始页，如一次未能翻到，再用左手略作调整。总之，找页动作要经过刻苦练习，做到找页准确迅速，不影响右手按键运算。

③ 记页的方法具体如下。

传票算除翻页外还需要记页，传票算每题由 20 页组成，为避免在计算中发生超页或打不够页的现象，必须在计算过程中默记打了多少次，记到第 20 次时核对该题的起止页，立即书写答数。记页在边翻页边计算中较难记住，所以平时要加强训练。在训练中，运算的数据不要默念，只要凭数字的字形反应直接指挥手指输入，心理只需默记页数，如此反复练习，就会习惯记页。

④ 计算方法具体如下。

拇指夹笔计算。首先将捻成扇面的传票，翻到要计算的开始页；然后左手一边翻页，右手一边输入，直到计算完毕。

实训案例

按照翻打传票的基本方法进行下列实训操作。

1. 计算百张传票各行 1~20 页合计数
2. 计算百张传票各行 21~40 页合计数
3. 计算百张传票各行 41~60 页合计数
4. 计算百张传票各行 61~80 页合计数
5. 计算百张传票各行 81~100 页合计数
6. 计算百张传票各行 1~100 页合计数

项目三 计算器的使用与传票

> 活动练习

传票实训试题（一）

题号	起讫页数	行数	答　案
1	24～43	（三）	
2	39～58	（五）	
3	42～61	（一）	
4	55～74	（四）	
5	62～81	（四）	
6	73～92	（一）	
7	80～99	（五）	
8	31～50	（三）	
9	20～39	（二）	
10	48～67	（四）	
11	6～25	（五）	
12	12～31	（四）	
13	40～59	（三）	
14	54～73	（四）	
15	36～55	（三）	
16	69～88	（四）	
17	46～65	（五）	
18	11～30	（一）	
19	21～40	（二）	
20	21～40	（三）	

传票实训试题（二）

题号	起讫页数	行数	答　案
1	44～63	（二）	
2	46～65	（一）	
3	19～38	（四）	
4	23～42	（三）	
5	8～27	（五）	
6	71～90	（二）	
7	41～60	（一）	
8	9～28	（四）	

续表

题号	起讫页数	行数	答　案
9	53～72	(三)	
10	34～53	(五)	
11	14～33	(四)	
12	21～40	(五)	
13	4～23	(二)	
14	65～84	(四)	
15	56～75	(一)	
16	32～51	(二)	
17	45～64	(三)	
18	14～33	(四)	
19	18～37	(五)	
20	41～60	(一)	

传票实训试题（三）

题号	起讫页数	行数	答　案
1	72～91	(二)	
2	44～63	(二)	
3	73～92	(五)	
4	80～99	(一)	
5	16～35	(三)	
6	57～76	(一)	
7	33～52	(四)	
8	23～42	(二)	
9	28～47	(五)	
10	69～88	(一)	
11	21～40	(二)	
12	78～97	(三)	
13	22～41	(一)	
14	41～60	(四)	
15	9～28	(二)	
16	8～27	(三)	
17	1～20	(五)	
18	20～49	(一)	
19	19～38	(二)	
20	7～26	(四)	

项目三 计算器的使用与传票

传票实训试题（四）

题号	起讫页数	行数	答　案
1	1～20	（二）	
2	56～75	（三）	
3	3～22	（一）	
4	78～97	（五）	
5	21～40	（二）	
6	51～70	（四）	
7	16～35	（一）	
8	45～64	（三）	
9	19～38	（二）	
10	20～39	（五）	
11	53～72	（四）	
12	46～65	（一）	
13	15～34	（二）	
14	8～27	（三）	
15	4～23	（二）	
16	26～46	（五）	
17	34～53	（四）	
18	23～42	（一）	
19	21～40	（二）	
20	14～33	（三）	

传票实训试题（五）

题号	起讫页数	行数	答　案
1	44～63	（三）	
2	71～90	（五）	
3	7～26	（四）	
4	14～33	（二）	
5	57～76	（一）	
6	73～92	（五）	
7	72～91	（一）	
8	53～72	（三）	

续表

题号	起讫页数	行数	答　案
9	23～42	(四)	
10	8～27	(二)	
11	44～63	(五)	
12	33～52	(三)	
13	55～74	(二)	
14	9～28	(一)	
15	28～47	(四)	
16	47～66	(三)	
17	31～50	(二)	
18	69～88	(五)	
19	66～85	(三)	
20	54～73	(四)	

传票实训试题（六）

题号	起讫页数	行数	答　案
1	46～65	(一)	
2	20～39	(三)	
3	25～44	(五)	
4	16～35	(二)	
5	26～45	(四)	
6	51～70	(二)	
7	56～75	(四)	
8	4～23	(五)	
9	31～50	(二)	
10	57～76	(四)	
11	69～88	(一)	
12	23～42	(四)	
13	18～37	(三)	
14	28～47	(五)	
15	29～48	(四)	
16	37～58	(三)	
17	8～27	(四)	
18	15～34	(一)	
19	21～40	(四)	
20	7～26	(二)	

项目三 计算器的使用与传票

传票实训试题（七）

题号	起讫页数	行数	答 案
1	45～64	（三）	
2	16～35	（五）	
3	56～75	（一）	
4	9～28	（四）	
5	34～53	（四）	
6	57～76	（一）	
7	69～88	（五）	
8	68～87	（三）	
9	77～96	（二）	
10	66～85	（四）	
11	54～73	（五）	
12	73～92	（四）	
13	53～72	（三）	
14	80～99	（四）	
15	61～80	（三）	
16	1～20	（四）	
17	20～39	（五）	
18	26～45	（一）	
19	32～51	（二）	
20	22～41	（三）	

传票实训试题（八）

题号	起讫页数	行数	答 案
1	3～22	（一）	
2		（二）	
3		（三）	
4		（四）	
5		（五）	
6	45～64	（一）	
7		（二）	
8		（三）	

续表

题号	起讫页数	行数	答　案
9		（四）	
10		（五）	
11	23～42	（一）	
12		（二）	
13		（三）	
14		（四）	
15		（五）	
16	66～85	（一）	
17		（二）	
18		（三）	
19		（四）	
20		（五）	

传票实训试题（九）

题号	起讫页数	行数	答　案
1	56～75	（一）	
2		（二）	
3		（三）	
4		（四）	
5		（五）	
6	19～38	（一）	
7		（二）	
8		（三）	
9		（四）	
10		（五）	
11	78～97	（一）	
12		（二）	
13		（三）	
14		（四）	
15		（五）	
16	8～27	（一）	
17		（二）	
18		（三）	
19		（四）	
20		（五）	

项目三　计算器的使用与传票

传票实训试题（十）

题号	起讫页数	行数	答　案
1	44～63	（四）	
2	71～90	（一）	
3	73～92	（三）	
4	14～33	（一）	
5	57～76	（三）	
6	78～97	（四）	
7	55～74	（二）	
8	9～28	（五）	
9	66～85	（四）	
10	7～26	（二）	
11	25～44	（四）	
12	3～22	（一）	
13	51～70	（一）	
14	69～88	（五）	
15	23～42	（三）	
16	46～65	（五）	
17	18～37	（二）	
18	29～48	（五）	
19	32～51	（二）	
20	37～56	（三）	

项目四
现金业务操作技能

学习目标
- 掌握现金收付款业务的操作流程。
- 掌握真假人民币鉴别与防伪知识。

技能目标
- 能够熟练地进行真假人民币鉴别。
- 能够熟练掌握现金业务的操作技能。

学习任务一
现金收付款业务的相关规定

学生的任务
- 要求学生熟知现金收付款业务的相关法规。
- 要求学生理解法规对现金收付款业务的影响。

教师的任务
- 讲解现金收付款业务的相关法规。
- 指导学生在不违反相关法规的情况下，进行现金收付款业务的操作。
- 指导学生完成活动练习。

 教学活动　现金收付款业务的相关规定

活动目标
熟悉有关现金收付款业务的相关法规。

知识准备

一、现金业务的基本制度

银行出纳制度有中国人民银行的《全国银行出纳基本制度》、《中国人民银行货币发行管理制度》以及各家银行及金融机构的《出纳制度》。这些制度因其作用对象不同而各有特点，但其基本规定则是相同的，这些共同的基本规定如下。

1. 钱账分管

凡办理现金出纳业务，必须实行钱账分管。钱账分管是银行会计、出纳工作的基本原则，在银行会计出纳制度中，都有明确规定。钱（指现金实物）由出纳管，账由会计管，分工明确，相互制约，保证账款准确、不错不乱。

2. 先收款后记账和先记账后付款

坚持现金收入先收款后记账，现金付出先记账后付款的原则，做到手续清楚，责任分明，数字准确。收付现金，应使用规定的凭证。客户填写收付现金凭证时要填写券别，银行按券别收付，并换人复核，当面点清，一笔一清。收、付款及记账次序的严格界定是维护客户和银行利益的重要原则规定。款项收妥，记入账户，客户存款增加；客户支取款项，先行记账，客户存款余额减少，然后再支付款项，避免透支、冒领，维护了银行与客户的权益。

3. 复核制度

出纳制度规定，凡现金、金银、外币、有价证券等的收付，必须换人复核、当面点清、一笔一清。复核制度的确立，保证了出纳工作的质量和信誉，在较长时期内发挥了它的重要作用。随着改革的深化和出纳目标管理的实施以及自动化控制手段的提高，复核制度从形式到内容会发生变化，但是复核制度本身仍须认真坚持。

4. 四双制度

出纳制度规定一切现金、金银等出纳业务必须坚持双人临柜（经批准实行柜员制的除外）、双人管库、双人守库、双人押运。"四双制度"是保证出纳工作安全的重要规定，在长期的实践中发挥了重要作用，除双人临柜将在形式上和内容上为"柜员制"部分取代外，其他"三双"仍将在出纳工作中发挥其安全保障作用。

5. 交接制度

出纳制度规定，凡出纳部门经管的一切款项、实物、重要物品进行转移或换人经管时，都应办理交接手续，责任落实到人。交接制度是一项非常重要的规定，为了保证出纳工作手续严密、责任分明，必须坚持交接制度。

6. 查库制度

出纳制度规定的查库制度是及时清盘账款、账实是否相符，确保库房管理健全和库款安全的重要措施。严禁挪用库存现金，严禁白条子抵库，坚持查库制度，消除各种安全隐患。实施定期、不定期的、各个层次、各种形式的查库，是保证查库制度贯彻落实的手段。

二、关于商业银行库款管理制度

金库现金库存量，由管辖行出纳管理部门根据其现金周转 3～5 天的正常需要量核定限额，确有需要的可适当放宽；超过库存限额的，要及时交存人民银行。不足支付时，要及时到人民银行提取。

知识链接

中华人民共和国现金管理暂行条例

1988 年 9 月 8 日，国务院第 12 号令发布的《中华人民共和国现金管理暂行条例》

（于 2011 年 1 月 8 日被中华人民共和国国务院令第 588 号发布的《国务院关于废止和修改部分行政法规的决定》修订）和 1988 年 9 月 23 日中国人民银行颁布的《现金管理暂行条例实施细则》对开户单位的现金管理和监督、法律责任等进行了规定，是现金收款业务的主要法律依据。其主要内容如下。

1. 开户单位可以在下列范围内使用现金：
（1）职工工资、津贴；
（2）个人劳务报酬；
（3）根据国家规定颁发给个人的科学技术、文化艺术、体育等各种奖金；
（4）各种劳保、福利费用以及国家规定的对个人的其他支出；
（5）向个人收购农副产品和其他物资的价款；
（6）出差人员必须随身携带的差旅费；
（7）结算起点（1000 元）以下的零星支出；
（8）中国人民银行确定需要支付现金的其他支出。

除上述第（5）、（6）项外，开户单位支付给个人的款项，超过使用现金限额的部分，应当以支票或者银行本票支付；确需全额支付现金的，经开户银行审核后，予以支付现金。开户银行应当根据实际需要，核定开户单位 3~5 天的日常零星开支所需的库存现金限额。

边远地区和交通不便地区的开户单位的库存现金限额，可以多于 5 天，但不得超过 15 天的日常零星开支。

经核定的库存现金限额，开户单位必须严格遵守。需要增加或者减少库存现金限额的，应当向开户银行提出申请，由开户银行核定。

2. 开户单位现金收支应当依照下列规定办理。
（1）开户单位现金收入应当于当日送存开户银行。当日送存确有困难的，由开户银行确定送存时间。
（2）开户单位支付现金，可以从本单位库存现金限额中支付或者从开户银行提取，不得从本单位的现金收入中直接支付（即坐支）。因特殊情况需要坐支现金的，应当事先报经开户银行审查批准，由开户银行核定坐支范围和限额。坐支单位应当定期向开户银行报送坐支金额和使用情况。

3. 为保证开户单位的现金收入及时送存银行，开户银行必须按照规定做好现金收款工作，不得随意缩短收款时间。大中城市和商业比较集中的地区，应当建立非营业时间收款制度。

4. 开户银行应当加强柜台审查，定期和不定期地对开户单位现金收支情况进行检查，并按规定向当地人民银行报告现金管理情况。

知识链接

人民币结算账户管理办法

中国人民银行令［2003］第 5 号为规范人民币银行结算账户的开立和使用，维护经济金融秩序稳定，中国人民银行制定了《人民币银行结算账户管理办法》，经 2002 年 8 月 21 日第 34 次行长办公会议通过，自 2003 年 9 月 1 日起施行，其主要内容如下。

银行结算账户按存款人分为单位银行结算账户和个人银行结算账户。

1. 单位银行结算账户

单位银行结算账户指存款人以单位名称开立的银行结算账户为单位银行结算账户。个体工商户凭营业执照以字号或经营者姓名开立的银行结算账户纳入单位银行结算账户管理。单位银行结算账户按用途分为基本存款账户、一般存款账户、专用存款账户、临时存款账户。

(1) 基本存款账户是存款人因办理日常转账结算和现金收付需要开立的银行结算账户。存款人日常经营活动的资金收付及其工资、奖金和现金的支出,应通过该账户办理。单位银行结算账户的存款人只能在银行开立一个基本存款账户,是存款人的主办账户。

(2) 一般存款账户是存款人因借款或其他结算需要,在基本存款账户开户银行以外的银行营业机构开立的银行结算账户。一般存款账户用于办理存款人借款转存、借款归还和其他结算的资金收付。该账户可以办理现金缴存,但不得办理现金支取。

(3) 专用存款账户是存款人按照法律、行政法规和规章,对其特定用途资金进行专项管理和使用而开立的银行结算账户。对下列资金的管理与使用,存款人可以申请开立专用存款账户:基本建设资金;更新改造资金;财政预算外资金;粮、棉、油收购资金;证券交易结算资金;期货交易保证金;信托基金;金融机构存放同业资金;政策性房地产开发资金;单位银行卡备用金;党、团、工会设在单位的组织机构经费;社会保障基金;住房基金;其他需要专项管理和使用的资金。

(4) 临时存款账户是存款人因临时需要并在规定期限内使用而开立的银行结算账户。有下列情况的,存款人可以申请开立临时存款账户:设立临时机构;异地临时经营活动;注册验资。临时存款账户用于办理临时机构以及存款人临时经营活动发生的资金收付。

存款人开立单位银行结算账户,自正式开立之日起 3 个工作日后,方可办理付款业务。但注册验资的临时存款账户转为基本存款账户和因借款转存开立的一般存款账户除外。

2. 个人银行结算账户

个人银行结算账户是自然人因投资、消费、结算等而开立的可办理支付结算业务的存款账户。邮政储蓄机构办理银行卡业务开立的账户纳入个人银行结算账户管理。

个人银行结算账户用于办理个人转账收付和现金存取。下列款项可以转入个人银行结算账户:

工资、奖金收入;稿费、演出费等劳务收入;债券、期货、信托等投资的本金和收益;个人债权或产权转让收益;个人贷款转存;证券交易结算资金和期货交易保证金;继承、赠与款项;保险理赔、保费退还等款项;纳税退还;农、副、矿产品销售收入;其他合法款项。

> **知识链接**

中国人民银行关于进一步加强大额现金支付管理的通知

银发 [2001] 430 号中国人民银行各分行、营业管理部,各政策性银行、国有独资商业银行、股份制商业银行,邮政储汇局:近年来,为维护支付结算秩序,防范和打击利用现金支取进行经济犯罪活动,人民银行出台了一系列管理规定,对于加强现金管理,作用十分明显。但近期,违规大额现金支付问题又开始突出。少数金融机构违规进行大额现金支付,少数不法分子利用大额现金交易逃废银行债务、偷逃国家税款,甚至引发一些重大的经济犯罪案件。为进一步维护正常的金融秩序以及存款人的合法权益，防范和打击利用大额现金支付进行的经济犯罪活动，促进银行转账结算业务的健康发展，根据《中华人民共和国中国人民银行法》、《中华人民共和国商业银行法》和《现金管理暂行条例》、《储蓄管理条例》的有关规定，现就进一步加强大额现金支付管理问题通知如下。

一、严格企事业单位账户大额现金支付的管理

各开户银行应继续严格执行已经颁布的企事业单位账户大额现金支付管理的各项规定。为了便于企业生产和经营，对于企业单位开立的临时存款账户，经人民银行批准，开户银行在《现金管理暂行条例》规定的范围内，可为开户单位办理现金收支。开户银行未经人民银行批准，不得在企事业单位开立的专用存款账户中支付现金。开户银行未经人民银行批准，不得在行政单位开立的专用存款账户中支付现金。开户单位转账结算起点以上的支付，必须使用转账结算。

二、严格企事业单位的库存现金管理

2002年2月1日以前，各开户银行对开立基本存款账户的单位，要进行一次全面的库存现金限额的核定工作。在大中城市银行开户的单位，可保留3天日常零星开支所需的现金量；在县及县以下银行开立账户的单位，可保留5天日常零星开支所需的现金量；边远地区和交通不便地区的开户单位，可保留10天以下日常零星开支所需的现金量。各开户银行可按以上标准，重新核定开立基本存款账户单位的库存现金限额，并监督开户单位认真执行。核定的库存限额如需调整，原则上一年调整一次。开户银行对开户单位超库存限额的部分要及时回笼。人民银行各分支行要督促金融机构对开户单位的库存现金情况进行定期检查并形成制度，对于违规的开户银行和开户单位都要给予经济处罚。

三、加强对乡镇企业、私营企业和个体经营者提取大额现金的管理

开户行不得为乡镇企业、私营企业和个体经营者将经营性资金转入个人储蓄账户提供方便，并为其通过储蓄账户办理结算。人民银行各分支机构要督促开户银行将乡镇企业、私营企业和个体经营者的生产经营资金从其个人储蓄账户及时划入基本存款账户进行结算，并不得为其通过储蓄账户支取大额现金提供方便。各商业银行必须制定具体的措施和办法落实该规定。

四、加强居民个人储蓄账户大额现金支付管理

除继续执行人民银行已经颁布的有关加强居民个人储蓄账户大额现金支付管理的有关规定外，对于居民个人一次性支取50万元（含50万元）以上大额现金的，或一日数次支取累计超过50万元（含50万元）的，开户银行应单独登记并于次日向人民银行当地分支机构备案。

五、严禁公款私存

各开户银行应继续执行严禁公款私存的有关规定。对于单位付给个人小额劳务报酬等，如附有完税证明，开户银行可以为其办理转入个人储蓄账户的业务，否则，不予办理。

六、加强对银行卡存取现金的管理

凡是单位持有的具有消费结算、转账结算（包括自动转账、自动转存、代发工资、代缴费用等）、存取现金和一卡多户等功能的银行卡，在使用过程中需要注入资金的，必须从单位的基本存款账户中转入，不得缴存现金，不得将销货款存入。开户银行对持卡人持有的单位银行卡一律不得支付现金。对于转入单位持有的银行卡中的转账支票，收款人必

须写收款单位的账户名称,不得将发卡的开户银行作为收款人。

七、加强现金银行汇票和银行本票大额提取现金的管理

企业单位不得使用现金银行汇票和银行本票,银行不得为企业单位签发和解付现金银行汇票和银行本票。因生产经营需要,个体经营者缴存汇票或本票保证金后,银行可为其签发现金银行汇票或银行本票,但每张现金银行汇票或银行本票的金额不得超过30万元(不含30万元)。同一开户银行一日内不得对同一收款人签发两张(不含两张)以上的现金银行汇票或银行本票。如果签发的每张现金汇票本票的金额超过30万元或一日对同一收款人签发两张以上的现金银行汇票或银行本票,须经开户银行上级行批准并报人民银行当地分支机构备案。

八、加强对非银行金融机构大额现金支取的管理

非银行金融机构,如证券公司、保险公司、信托投资公司、财务公司、金融租赁公司和金融期货公司等,是开户单位,不是开户银行。鉴于以上非银行金融机构业务经营上的特殊性,开户银行为其核定的库存现金限额,必须报经人民银行当地分支机构批准。非银行金融机构不得保留超过开户银行为其核定的库存现金限额。为防止非银行金融机构坐支现金和违规支付客户现金,超过库存现金限额的部分,非银行金融机构必须于当日营业结束前上缴开户银行。非银行金融机构对单位客户办理股票交易、债券、保险以及期货交易业务,必须采用转账结算;对个人客户从事上述业务应委托开户银行收取或支付现金。证券机构不得将客户转账进来的资金通过有关账户转为现金支付。证券机构不得将单位转入的资金通过股市投资后再转入个人储蓄存款账户、不得为其支付现金。

九、加强对异常大额现金支取的监管

开户银行应对柜台发生的异常现金支取活动进行登记备案,并及时报告上级主管部门和人民银行当地分支机构。开户银行应密切配合国家有关职能部门对发生的异常大额现金支取行为进行调查。人民银行各分行、营业管理部应制定本地区异常大额现金支付管理办法,并报人民银行总行。

十、加强开户银行库存现金管理

开户银行应在人民银行当地分支机构的发行库和业务库中选择一个,缴存和领取现金,确有困难的,经人民银行当地分支机构批准,可在国有独资商业银行业务库缴存和领取现金。人民银行各分支机构应核定当地商业银行、城乡信用社的业务库现金库存限额,对超过合理库存的部分,人民银行各分支机构要及时督促商业银行以及城乡信用社及时缴存人民银行发行库或业务库。人民银行各分支机构要进一步改进和完善发行库管理制度,采取灵活多样的出入库服务措施,及时满足各商业银行每日现金收付和缴存的需要,不得以增加业务量为由拒收商业银行及时缴存的现金。

十一、加快各商业银行及全国金融系统大额现金支取管理监测系统建设

各商业银行要改进现有的大额现金支付监管系统,加强科技手段监控力度,完善电子制约程序,堵塞非正常支取现金的漏洞。设置必要的制约程序,防止利用新的结算工具超额、大额支取现金。尽快建立本系统内部大额现金支取的检测网络,系统掌握本系统每月及每日大额现金支取情况。人民银行将建立全国大额现金支取监测网络,监测全国大额现金支取情况。

十二、开展一次大额现金制度执行情况检查,强化内部控制制度、健全监管机制

各商业银行要在2002年2月1日前开展一次大额现金制度执行情况的检查。检查的

重点是：大额现金有关规章制度的执行情况、内部控制制度、监督制约机制和监管机制的运作情况。通过检查，找出漏洞和管理的薄弱环节，并通过典型案件教育从业人员。根据大额现金管理规定的有关要求，各商业银行要进一步建立和健全行内现金管理制度和完善管理措施，固定管理岗位，确定管理人员，强化内部控制制度，使相关岗位能够互相制约和监督，并对部分大额现金审批岗位实行轮岗以及进行离岗审查。健全和完善开户银行临柜大额现金管理、审批、登记以及备案制度，定人定岗，落实责任。建立、健全各商业银行现金收支统计制度，按时上报现金收支情况。各商业银行不得以放松现金管理特别是以放松大额现金支取为条件进行不正当的竞争。各家银行要迅速将本通知转发至下属分支机构及营业网点，要认真落实执行本通知有关规定，建立和健全必要的规章制度，堵塞管理中存在的漏洞。人民银行各分行、营业管理部要按照本通知的精神，制定本辖区大额现金管理实施细则，并报总行备案。同时，要组织本辖区商业银行、城乡信用社和非银行金融机构，认真学习和落实有关规定，分析当地现金管理中存在的问题，制定加强大额现金支取管理的具体措施，明确现金管理责任。原有大额现金支付管理规定与本通知内容不一致的，以本通知为准。

二〇〇一年十二月二十九日

活动练习

思考题：银行办理现金收付款业务的基本原则是什么？

学习任务二
现金收款业务操作

学生的任务

◇ 要求学生掌握现金收款业务的操作流程。
◇ 要求学生能够进行现金收款业务的操作。

教师的任务

◇ 讲解现金收款业务的操作流程。
◇ 利用各种教学媒体演示现金收款操作业务的流程。
◇ 指导学生完成本次教学活动的练习。

教学活动　现金收款业务的操作流程

活动目标

熟悉有关现金收款业务的操作流程。

知识准备

现金收款业务是银行一项最经常、最主要、最大量的工作，是一项重要的窗口业务。

它是社会现金活动（现金回笼）必经的业务环节，它与银行吸收存款，回笼现金的关系最为直接，出纳收款服务的质量反映着银行的整体形象和信誉。因此，要从银行整体效益出发，认真研究、组织出纳收款工作，保证出纳收款工作优质、高效地进行。

出纳收款专柜的设置应以业务需要、方便顾客为目的。因此，根据收款业务规律和业务合理的设置收款专柜，是必须坚持的原则。目前收款专柜的形式有两种：一种是双人临柜的换人复核制；另一种是单人临柜的柜员制。从发展方向看，在条件具备的情况下，双人收款专柜将逐渐被柜员单人收款专柜所替代。

一、双人临柜制下的现金收款业务的操作流程

收款专柜须配备收款员和复核员各一人。办理现金收入业务，由收款员和收款复核员共同负责，密切协作（收款箱钥匙由二人分管或谁管钱箱谁保管钥匙）。

1. 收入现金应遵循的原则及岗位职责

（1）具体流程　空箱上柜；先收款后记账；款项要复点，账务要复核；当面点清，一笔一清；中途离岗，钱、章入箱上锁，终端退至签到（注册）状态；中午轧账，日清日结。

（2）收款员岗位职责　根据客户填写的要素齐全、大小写金额一致的现金存款凭证，准确无误地点收现金；负责及时、准确地登记、填制并轧计现金收入日记簿、收款结数表等相关单、簿。

（3）收款复核员岗位职责　严格复审凭证，准确无误复点现金；在收妥的存款凭证上加盖现金收讫章与个人名章，及时退还存款回单，妥善保管、严密交接会计记账凭证；正确使用、保管现金收讫章；严密保管、上交已收妥的现金；负责填制入库票、现金交接清单或登记现金交接登记簿，与收款员共同完成整捆现金和尾零款的交接工作。次日空箱上柜。

2. 收款业务的操作流程

（1）营业时间收款

① 每日对外营业开始时，收款尾箱必须空箱上柜。

② 接柜。要做到当面点清，一笔一清。

③ 审查凭证。按照规定认真审查现金收入凭证。办理现金收入业务，应根据客户填制的"收款凭证"（即现金缴款单或存款凭条）办理，并认真审查凭证内容是否填写齐全、清楚，有无涂改，凭证是否套写，编号是否一致，券别合计金额与凭证大小写金额核对是否一致，然后按券别顺序点收款项。

④ 清点现金。收款凭证审核无误后，进行点收现金。先卡大数，成把票币必须拆把清点。每种券别的把数点完，再清点全部细数（联行、同业或与人民银行间调拨款，未拆捆的可免点细数），在点收过程中进行挑剔损伤券和反假工作。合计数同凭证金额核对相符。

⑤ 登记"现金收入日记簿"。清点现金与凭证金额核对无误后，根据交款凭证的有关内容，按券别序时逐笔登记"现金收入日记簿"。

⑥ 核对签章。在收款凭证各联上加盖收款员名章。当一笔款收妥，登记现金收入日记簿并把凭证与款项移交收款复核后，方可接办下一笔收款业务。这就是收款接柜员坚持"一笔一清"操作的程序。

⑦ 复核。将现金和收款凭证传递给收款复核员。收款复核员接收经收款，接柜员初

收后的凭证与款项后，先复审收款凭证，然后按券别顺序点收款项。当一笔收款复核无误后，在收款凭证上加盖现金收讫章和名章并分别进行处理后，回单退交款单位（人），将已收妥款项分类妥善保管，然后方可接办下一笔收款复核业务。这就是收款复核员坚持"一笔一清"操作的收款程序。

⑧ 收款复核员操作。收款复核员操作可分以下几个环节：一是复审凭证，是否要素齐全；二是复点现金，是否准确无误；三是签章退单，是否达到准、快、全；四是整理款项入箱保管。

（2）非营业时间收款

① 收款操作同日常现金收款，须执行双人临柜，序时登记，客户确认。

② 收款结束，账款核对一致，换人复核无误，登记非营业时间收款登记簿，交当班负责人审查签章后，将当日所收现金双人加锁寄库保管。

③ 非营业时间收款后的第一个营业日，办理交接手续，将现金分别交有关柜组，出库清点现金并进行账务处理。

④ 其他操作同现金收款。

（3）预约收款

① 必须与客户签订书面协议，并根据协议采取当面核打大数（点捆、卡把、清点零数）、事后清点细数的办法收取款项。

② 清点时发现差错、假币，按协议规定分别多退少补、收缴或送验，清点当日处理完毕，禁止寄库和空库。

③ 根据协议，收款当日记入客户账的未整封包款当日入库保管，次日出库整点；根据协议清点后记入客户账封包款，当日寄库保管，次日出库清点现金并进行账务处理。

④ 其他操作同现金收款。

（4）上门收款

① 组织上门收款，必须执行下列规定：双人办理，换人复核；当面清点，一笔一清或按双方签订的合同收款协议办理；钱账分管，共同负责；日清日结，及时入账；汇总核对；有关重要簿、证、印应加锁入库保管；建立良好的银企制约机制。

② 上门收款操作比照双人临柜收款程序办理。

③ 采取合同（封包）收款形式的上门收款，除执行上门收款操作程序外，还要按照合同（封包）收款有关规定办理。

（5）外币收款

① 外币收款必须认真审查收入是否符合外汇管理有关规定，货币符号是否遗漏、是否正确。

② 收入外币现钞，应根据规定的业务凭证办理。注意分清币种，换人复核，当面点清，一笔一清。

③ 在办理外币现钞收入时，务必注意流通期、托收期、最低收兑面额和钞票的质量，不合乎要求的钞票一律不得办理款项收入。在托收期内可根据客户要求代办托收，按规定收取托收费用。

④ 外币收款、交接、结账，比照人民币操作程序办理。

二、柜员制专柜的现金收款业务的操作流程

柜员制收款业务是由收款柜员单独处理整个收款程序。先审核凭证，再按券别顺序点

收款项，在点收过程中进行挑剔损伤券和反假工作。款项收妥，登记现金收入日记簿，在收款凭证上加盖现金收讫章，凭证收据、传票分别处理，将已收妥款项分类妥善保管，然后再接收下一笔收款业务。这是收款柜员坚持"一笔一清"的收款程序。

三、收款业务的重点环节

① 收入成把成捆款项必须先认真进行卡捆卡把，核实大数，在收妥后，分类保管前须再次核对大数。

② 在一笔款项未全部收妥前，严禁与已收妥款或其他款项调换、混淆。

③ 在收款过程中，发现疑点必须坚持有疑必复，自复时，必须以复点现金为主，先确定现金的准确数额，再核对原始凭证的正误，防止因为凭证差错造成现金多缺。

④ 收点款项时，必须按凭证券别数字，顺序点收现金，并逐一进行累计计算。

⑤ 已收妥的现金、现金收讫章、个人名章必须严密保管，离岗时，全部入箱加锁。

⑥ 严格执行交接制度，款项转移必须办理交接，责任必须落实。

⑦ 业务终了，轧平账款，经手现金必须扫数入库。

实训案例

一、对公账户收款业务操作

1. 业务受理

开户单位存入现金时，应填制一式两联现金缴款单，连同现金一并提交给银行柜员。柜员将客户提交的"现金缴款单"一式两联和现金一次性接入，定位放置。

2. 审核凭证

审查缴款单日期是否正确、单位名称、账号、开户行名称、款项来源、券别登记是否填写完全清楚；大小写金额填写是否准确相符；凭证联次有无缺少、是否套写。

3. 清点现金

根据券别明细先卡大数，无误后再清点细数，先点主币，后点辅币，先点整把，后点尾零。将清点后的现金总额与缴款单所填现金总额核对相符。

4. 逐笔登记

逐笔登记"现金收入日记簿"。将凭证编号后，序时记入"现金收入日记簿"。

5. 盖章退单

缴款单各联上加盖名章及"现金收讫"章；缴款单回单联退还客户。

6. 登记分户账

以现金缴款单作现金收入传票，贷记收款人账户，结计余额。

二、储蓄账户收款业务操作

1. 存款业务受理

柜员根据客户的存款要求，接收客户的储蓄存折和现金。对于续存金额大于20万元（含），应提供存款人身份证件，他人代理的，还应提供代理人身份证件。

2. 审核

需提供身份证件的，柜员应审核身份证件的真实有效性。无折续存的，柜员应审核其填写的个人业务（卡/无折）存款凭证的内容是否完整、正确。

3. 点收现金

柜员需先询问客户存款金额，而后要在监控和客户视线内的柜台上，按照现金清点：要先点大数（卡捆、卡把），后点细数；先点主币，后点辅币；先点大面额票币，后点小面额票币的程序点收现金。

4. 续存交易

柜员输入交易码，进入交易界面，根据系统提示录入存款金额等。

5. 打印、签章

续存交易成功后，柜员打印相关凭证，并请客户签字。

6. 递交客户

柜员在存款凭证上加盖现金收讫章或业务清讫章和柜员名章，将存折或无折存款凭证客户联交给客户。

7. 后续处理

柜员将现金放入钱箱，并将存款凭证记账联按规定整理存放。

活动练习

思考题：简述柜员制下的现金收款业务流程。

学习任务三
现金付款业务操作

学生的任务

◇ 要求学生掌握现金付款业务的操作流程。
◇ 要求学生能够进行现金付款业务的操作。

教师的任务

◇ 讲解现金付款业务的操作流程。
◇ 利用各种教学媒体演示现金付款操作业务的流程。
◇ 指导学生完成本次教学活动的练习。

教学活动　现金付款业务的操作流程

活动目标

熟悉有关现金付款业务的操作流程。

知识准备

现金付款业务也是银行的一项重要工作，它同样是一项窗口业务，是银行现金投放必经的业务环节。它与满足社会对现金的需求，调节市场流通票币的结构和质量有直接关系，而且间接地起着稳定存款的作用。出纳付款服务质量同样代表着银行的整体形象和信誉。因此也应从银行整体效益出发，认真组织出纳付款工作，保证出纳付款工作高效、优质地顺利进行。

一、付款专柜的设置

付款专柜应根据付款业务规律和业务量的需要设置，以方便客户为目的。在集中支付工资的付款高峰期，应采取增设窗口，提前营业或预约预配付款等形式以便利客户。目前付款专柜的形式有两种：一种是双人临柜、换人复核制；另一种是单人临柜的柜员制。付款工作实行柜员制是出纳付款专柜劳动组织形式的发展方向。

二、付款业务处理程序

1. 双人复核制付款专柜的业务处理程序

双人付款专柜办理付款业务，是先由付款配款员凭会计部门记账、签章的付款凭证办理配款。

配款前先审核凭证，无误后，按用途及取款人的需要和备付基金的可能合理搭配券别进行配款。一笔款配付完毕，在付款凭证上加盖名章，登记付款现金付出日记簿后，将凭证和配妥的现金一并交付款复核员复核。这就是付款配款员一笔一清的配款程序。付款复核员接到配妥的款项和凭证时，先复审凭证，无误后，按"三核对"和"逐数唱付"操作要领招呼取款人进行付款。"三核对"即：①核对配出的现金与付款凭证大小写金额是否一致；②核对收回的铜牌号或对号单是否与凭证上的号码一致；③询问客户取款金额，核对与凭证金额是否一致。"逐数唱付"即按照付款金额数字位序，从大到小逐位唱付，并向取款人交代清楚。一笔款付妥后在付款凭证上加盖现金付讫章及名章，付款凭证妥善保管。这就是付款复核员一笔一清的付款程序。

2. 柜员制付款专柜的业务处理程序

付款柜员办理付款业务须凭会计部门记账、签章的付款凭证办理。其程序除变换人复核为自核外，其他程序不变。

三、付款业务的重点环节

① 付款基金应办理出库手续从业务库出库；出库付款基金必须经付款专柜双人或柜员认真核对、见数，保证其准确。

② 付款配款员或付款柜员必须坚持"自核"的操作程序；付款复核员和付款柜员必须坚持"三核对"和"逐数唱付"的操作程序，确保付款工作质量。

③ 付款基金应妥善保管，坚持离位加锁，消除安全隐患。

④ 双人柜付款尾箱必须换人复点、复核，保证不错不乱；柜员制付款尾箱应该当日合尾、次日空箱上柜。

⑤ 营业终了，所有付款基金必须扫数入库。

⑥ 已盖现金付讫章的付款凭证和收回的铜牌须妥善保管，并认真与会计部门办理交接，移交会计部门。

❖ 实训案例

一、对公账户付款业务操作

1. 审核凭证

接到客户交来的现金支票，应认真审查以下要点。

① 支票是否统一印制的凭证，支票是否真实，提示付款期限是否超过。

② 支票填明的收款人名称是否为该收款人，收款人是否在支票背面"收款人签章"处签章，其签章是否与收款人名称一致，收款人为个人的，还应审查其身份证，及是否在支票背面收款人签章处注明身份证件名称、号码及发证机关。

③ 出票人的签章是否符合规定，并折角核对其签章与预留银行签章是否相符，使用支付密码的，其密码是否正确。

④ 支票的大小写金额是否一致。

⑤ 支票必须记载的事项是否齐全，出票金额、出票日期、收款人名称是否更改，其他记载事项的更改是否由原记载人签章证明。

⑥ 出票人账户是否有足够支付的款项。

⑦ 支取的现金是否符合国家现金管理的规定。

2. 登记分户账

现金支票审核无误后，记载分户账。以支票作现金付出传票，借记出票人账户，结计余额。

3. 登记"现金付出日记簿"

4. 盖章

在支票上加盖"现金付讫"章和经办柜员名章。

5. 配款并复核

以支票为依据凭以配款，搭配主、辅币。

6. 付款

将配好的款项再次复点无误，然后将复点无误的款项向客户付款，付出的款项与客户当面点清；已办理付款手续的支票放入记账凭证保管箱内。

二、储蓄账户付款业务操作

1. 业务受理

客户提出支取要求，递交凭证（卡或折），支取金额超过五万元（含）时，需提交身份证件。代理支取则需同时递交户主与代理人有效身份证件。

2. 审核

柜员与客户确认取款数额。审核客户存折的真实性和有效性；取款金额超过人民币5万元（含）的还应审核客户身份证件，并在待打印的个人业务取款凭证上摘录证件名称、号码、发证机关等信息。

3. 支取交易

① 柜员输入交易码，进入个人活期存款取款交易界面。

② 系统提示划折后，系统自动反馈账号、户名、凭证号等信息，柜员输入取款金额，客户输入正确的取款密码，系统要求配款操作，然后进行电子配款和实物配款。现金人民币取款自复平衡，大额（超柜员权限）或外币取款的，必须经有权人卡把复点，授权办理。配款结束后柜员确认提交。

4. 打印、签章

交易成功后，柜员根据系统提示打印存折和取款凭证，核对后请客户在取款凭证上签名确认，并加盖现金付讫章或业务清讫章和柜员名章。

5. 递交客户

柜员与客户唱对金额，无误后将现金和存折交客户。

6. 后续处理

柜员整理、归档凭证；取款凭证作现金付出凭证或作当日机制凭证附件。

活动练习

思考题：付款业务有哪些需要注意的重点环节？

学习任务四 真假人民币鉴别与防伪知识

学生的任务

◇ 要求学生掌握有关人民币的相关理论知识。
◇ 要求学生能够进行假币的识别。

教师的任务

◇ 讲解人民币的相关理论。
◇ 利用各种教学媒体演示假币的识别要点。
◇ 指导学生完成本次教学活动的练习。

教学活动1 人民币的相关知识

活动目标

熟悉有关人民币的有关规定。

知识准备

一、人民币常识

人民币是中华人民共和国的法定货币，爱护使用人民币是每个公民的义务。使用人民币注意事项如下。

（1）携带、放置、收付人民币时要平铺整理，请不要乱揉、乱折。

（2）不得在人民币上记数、写字、乱涂、乱画、乱盖印章戳记。

（3）出售鱼、肉、油脂、腌、卤制品的商店、摊贩，最好采取一人售货、另一人收款的办法营业。如有困难，应放置干净毛巾供收款时擦手，避免将人民币弄脏。

（4）防止化学药物对人民币的侵蚀。在生活中不要将肥皂、洗涤剂与人民币放在一起，以免票币腐蚀、变色。

（5）单位对收进的损伤人民币，应随时剔出，及时交存开户银行，不要再对外找补。

（6）用机具收付款时，应注意避免损伤人民币。

(7) 不要在金属币上折弯、穿孔、磨边、轧薄、剪口等，以免使硬币变形和受损。

(8) 对不宜继续使用的残缺人民币要及时粘补，随时到银行营业部门办理兑换。

(9) 对在人民币上涂写、乱画、乱折、乱揉等不爱护人民币的行为，应加以劝阻。

二、人民币票样及票样管理

1. 人民币票样的含义

票样，也称样票、样张、样本票。人民币票样是指我国在发行新版人民币时，为了使银行、海关、公安等部门和人民群众熟悉新版人民币的票面额、图景、花纹、颜色等特征，预先向有关方面印发的人民币样本；即，人民币票样就是我国法定流通的人民币的样本。凡真人民币票面上加印了"票样"二字的即为人民币票样，票样按规定程序和手续分发使用，它可以比较真币，也可以鉴别假币，但不准流通。

票样是通过试生产，经过批准而作为正式生产产品的标准，以确保货币印制质量的一致性和对货币印制质量的检查，同时也用于对假钞的鉴别，所以，票样又是从事反假人民币斗争的重要武器。票样由中国人民银行总行统一印制，在票面上加盖"票样"（或"样本"、"样票"、"样张"）字样，并按规定程序和手续分发各行支行存档备用，不准流通。

票样有的是用真钞正背加印"票样"字样而充当票样；有的是在试印的时候利用单面图案加印"票样"字样，变成正背两面单页组成一枚完整的票样。票样的编号一般以"0"贯穿到底，正票（流通票）有几位号码，票样就有几位"0"；也有以正票号码形式编号的，但号码的位数、印刷位置与正票完全不同，一般编号位数少于正票，且一般印在票券正背面中间的上方或下方，此编号用于记载分发各分行支行的数目。

2. 人民币票样的管理

（1）人民币票样是反假人民币的重要资料，各行处指定专人负责并建立领发保管手续。分发保管票样时，须根据票样发单办理签收手续，按券别、版别、图景、号码、张数和领用行名称详细登记票样登记簿，以备查考。领用行要建立票样簿和票样登记簿，换人保管票样时，应将票样实物和票样登记簿核对相符后，办理交接手续。

（2）人民币票样不准流入市场发现流入市场的票样，应予收回，一旦发现人民币票样流入市场，应立即截留收回，并作如下处理：①认真向持票人追查来源，如系误收、误用，应由持票样人所在单位出具证明，说明情况，经调查属实，可酌情予以收回；②兑回行应根据兑回的票样号码继续追查，丢失票样的银行应对有关失职人员酌情处理；③若非本辖区内经管的票样，应寄送上级人民银行，上级人民银行根据分发人民币票样登记簿的记载追查和处理。由于人民币票样实行严格的管理，所以，通常情况下不会流散到社会上去，但从人民币收藏实践上看，人民币票样时有发现，尤其是第一套人民币票样，这与过去票样管理制度不严有关。兑回或收回的票样，根据票样号码追查责任，对有关失职人员据情处理。如非本行经营的票样，应报上级行或当地人民银行追查。

（3）县以下基层分理处不发票样。领用单位合并或撤销时，多余的票样应上交省分行；行政区域变更，不属原分发行管辖时，应将票样转移情况报上级行备案；真假鉴别手续由人民银行总行统一印发，各行不得复印。

我国第一套人民币票样绝大部分在票券正面和背面从右至左加盖"票样"二字，但字形有大有小，字体多种多样，颜色有红蓝之分，位置也有不统一，只有两枚票券（1元工厂券和100元帆船券），从右至左加盖"样张"二字。号码的编排绝大部分票样采用以"0"

贯穿到底的形式，也有个别票样是由正票加盖"票样"二字而作票样使用的，如20元的帆船火车券、100元的北海桥券（正面蓝黑色）等。但无论采取哪种编号形式，绝大部分票样均有自己的编号，这就是向下分发时记载的号码，一般采用"票样×××××号"形式。另外，第一套人民币中的5000元渭河桥券和10000元军舰券两张票券的票样各有两种版别，其中的一种渭河桥票样正面没有加印冠号、图章和"票样"字样，只在行名下另加印六位编号，这是第一套人民币中一张极其特殊的票样。

第二套人民币全部票样均在正面从左至右加盖"票样"两字，冠号编排与正票相同，只是号码采用以"0"贯穿到底的形式，但每张票样背面均有自己分发时编排的5位号码。

第三套人民币各票样与第二套人民币票样形式基本相同，但除1960年版枣红色1角券外，其他票样正背面均增印了"内部票样禁止流通"字样。另外，背面下边的分发编号除10元券采用6位外，其他票样均为4位号码。

第四套人民币票样形式有些变化：1角、2角券正背均加盖两组"票样"字样，且"样"字全部改成简化字，同时正背面均增印两组"票样禁止流通"字样。冠号与正票一样，冠字采用两个汉语拼音字母，8位号码以"0"贯穿到底，背面下边均印有5位分发编号。

第五套人民币票样在票券正背面中下方均加盖"票样"字样，并在票券正背面两侧边缘处加印小字"票样禁止流通"字样。

三、人民币防伪技术

1. 纸币防伪技术

纸币的防伪措施体现在纸张、油墨和印刷技术等几个方面。

（1）纸张防伪技术　在传统的纸币中，各国都有自己的纸张配方，在纸张中加入某种物质或元素，使之成为难以仿制的印钞专用纸张。货币专用纸张的主要原材料是棉纤维和高质量的木浆，而且未添加任何增白剂，因而钞票纸本身没有荧光反应。同时，在专用钞票纸的制造过程中，还专门采用了以下防伪技术。

① 水印。水印是在生产过程中通过改变纸浆纤维密度的方法而制成的。它在造纸过程中已制作定型，而不是后压印上去或印在钞票表面的。因此，水印图案都有较强的立体感、层次感和真实感。钞纸水印按其在票面位置分布可分为固定水印和满版水印；按其透光性分为多层次水印和白水印。水印图案可以是人物、动物、建筑、风景、花草及数字、字母等，在货币防伪方面有它独特的作用。世界各国的钞票几乎都使用了这种技术。

② 安全线。安全线就是在造纸过程中采用特殊技术在纸张中嵌入的一条比较薄的金属线或塑料线。近年来，许多国家还在安全线上加进了很多防伪技术：在安全线上印上缩微文字；在安全线上加上磁性和全息特征；采用荧光安全线，这种安全线在紫外线的照射下，能发出明亮的荧光；采用开窗安全线，这种安全线一部分埋在纸里，一部分裸露在纸面上。安全线是一种普遍应用的防伪技术。

③ 彩色纤维和无色荧光纤维。彩色纤维是预先将一些特殊纤维染上红色、蓝色或其他颜色，在造纸过程中将这些纤维按其一定比例加到纸张中，有的是均匀地加到纸张中，有的是加在纸张固定的位置。而无色荧光纤维只有在紫外灯下才能看见，在普通光下是看不见的。如第五套人民币各面额纸币均有这两项防伪技术。

④ 彩色的圆点和荧光圆点。在造纸过程中，加上一些很小的塑料圆片，这些彩色的

且能发荧光的圆点，一般较薄、较小，基本看不出来，但在一定条件下仔细观察便可以看到。

(2) 油墨防伪技术　油墨是印制钞票最重要的成分之一，具有防伪性能的油墨一般称为安全油墨或防伪油墨。常用的有以下几种。

① 有色荧光油墨。这种油墨在普通光线下看时钞票油墨呈本来颜色，但在紫外线光照射下会发出各种特殊的荧光。有色荧光油墨一般应用在钞票某一固定的位置或某种花纹图案上。

② 无色荧光油墨。这种油墨的印刷图案在普通光下是看不见的，而在紫外光下才可以看见明亮的荧光。

③ 磁性油墨。磁性油墨的应用历史较悠久，但多是作为一项定性指标。现代钞票多将磁性油墨作为一项定性检测指标用于机读，同时也增加了伪造难度。

④ 光变油墨。光变油墨采用了一种特殊的光可变材料，印成图案后，随着观察角度的不同图案的颜色会出现变化，由一种颜色变为另一种颜色。

⑤ 防复印油墨。用彩色复印机复制钞票时，这种油墨印刷的图案会发生颜色变化，致使复印出来的色调与原来票面上的色调完全不同。

⑥ 红外光油墨。红外光油墨印刷图案在普通光下，能看出来有颜色，但用红外线仪器观察时则没有颜色。

⑦ 珠光油墨。珠光油墨印刷图案随观察角度的不同会出现明亮的金属光泽或彩虹效果。

(3) 印刷防伪技术

① 手工雕刻凹版。雕刻凹版印刷纸币是一直沿用至今的主要印刷防伪技术，特别是手工雕刻凹版，由于每个雕刻师均有自己的刀法、风格，其雕刻线条的深浅、弧度、角度令别人很难模仿，就是雕刻师自己也很难制作出完全相同的两块版，因此手工雕刻凹版本身就带有极强防伪性。

② 凹版印刷。凹印版的图文低于印版的版面，印出的图案凸现在纸张表面，呈三维状，立体感强，层次分明，用手触摸有凹凸感。这是在钞票印刷中应用历史最长、最普及也是最有效的防伪技术。

③ 彩虹印刷。图案的主色调或背景由不同的颜色组成，但线条或图像上的不同颜色呈连续性逐渐过渡，非常自然，没有明显界限，如彩虹各种颜色的自然过渡。

④ 对印。一般是采用正、背面同时印刷，迎光透视钞票正、背面同一部位的局部图案会组成一个完整的图案，且对接无错位现象。如我国第五套人民币 100 元、50 元、10 元券正面左下角的古钱币图案。

⑤ 接线印刷。票面花纹的同一线条是由两种以上颜色组成，但色与色之间无漏白和叠合的现象。此项技术最初仅用于胶印，后来由我国首创在凹印上成功应用了该项技术。

⑥ 缩微文字印刷。采用特殊的制版工艺将文字缩小到肉眼几乎看不到的程度，印到钞票上需借助放大镜方能观察到。该项技术在我国第五套人民币、美元、欧元、日元、港元等均有应用。

⑦ 隐性图案。利用线条深浅、角度的变化制作印版，印出的图案，粗看是一种图形，转换适当的角度会看到该图案还隐藏着另外一种或多种图案。

⑧ 激光全息图形。把从激光器射出的相关性很好的激光分成波长相同的两束，一束

照到被摄物体上反射出来，称为物光。另一束经平面镜反射后成为参考光，以一定的角度射向底片，并在那里与物光相遇而发生干涉。底片上记录下来的明暗干涉条纹，就得到被摄物体光波强度和相位的全息照片。全息照片再用原来参考光束照射，因光的衍射效应，能使原来的物体光束还原，所以透过全息照片可看到一个逼真的被摄物体立体图像，且图像线条非常精细并带有随机性，所以很难仿制。

2. 硬币的防伪技术

硬币的防伪措施主要体现在硬币的材质、形状和铸造工艺上。

随着科学技术的迅猛发展，造币产生过程中应用了许多新的工艺和技术。现代世界铸币所用材质丰富，形状各异。除了传统的平边、丝齿外，还出现了多边形、异形、圆形中间打孔、间接丝齿、连续斜丝齿、双金属镶嵌、三金属镶嵌、局部镶嵌、边部滚字、边部凹槽滚字、隐形雕刻、丝齿滚字、激光全息、彩色、微粒细点、高浮雕、反喷砂等全新概念的新工艺、新技术。在造币材料的选用上也突破了以往传统的观念，除了金、银、铜、镍、铝及其合金等传统的造币材料外，从20世纪70～80年代初始，出现了三明治式的铜-铁复合、镍-铁复合和钢芯镀铜、钢芯镀镍、锌芯镀铜等包裹材料，不锈钢也应用于制造流通硬币。这些造币新工艺、新技术、新材料的广泛应用，大大地增加了金属硬币的铸造难度，提高了金属硬币的技术含量，增强了金属硬币的防伪性能。

知识链接

《人民币管理条例》关于禁止损害人民币等行为的规定

一、关于禁止损害人民币等行为的规定

第二十七条　禁止下列损害人民币的行为：

（一）故意毁损人民币；

（二）制作、仿制、买卖人民币图样；

（三）未经中国人民银行批准，在宣传品、出版物或者其他商品上使用人民币图样；

（四）中国人民银行规定的其他损害人民币的行为。

二、关于人民币票样管理的规定

《人民币管理条例》第四十条规定：人民币样币是检验人民币印制质量和鉴别人民币真伪的标准样本，由印制人民币的企业按照人民银行的规定印制。人民币样币上应当加印"样币"字样。

第二十八条：人民币样币禁止流通。人民币样币的管理办法，由中国人民银行制定。

三、关于人民币流通规定的解读

第二十五条　禁止非法买卖流通人民币。

纪念币的买卖，应当遵守中国人民银行的有关规定。

第二十六条　装帧流通人民币和经营流通人民币，应当经中国人民银行批准。

第三十九条　人民币有下列情形之一的，不得流通：

（一）不能兑换的残缺、污损的人民币；

（二）停止流通的人民币。

四、关于残缺、污损人民币规定及兑换标准

第二十二条　办理人民币存取款业务的金融机构应当按照中国人民银行的规定，无偿为公众兑换残缺、污损的人民币，挑剔残缺、污损的人民币，并将其交存当地中国人民银行。中国人民银行不得将残缺、污损的人民币支付给金融机构，金融机构不得将残缺、污损的人民币对外支付。

第二十三条　停止流通的人民币和残缺、污损的人民币，由中国人民银行负责回收、销毁。具体办法由中国人民银行制定。

活动练习

思考题：人们日生活中常见损害人民币的行为有哪些？

教学活动 2　1999 年版第五套人民币防伪特征分析

活动目标

熟悉 1999 年版第五套人民币 100 元券、50 元券、20 元券、10 元券、5 元券、1 元券纸币的票面设计特征和常用防伪特征，能用看、摸、听、测的鉴别方法和货币鉴别专业设备鉴别 1999 年版第五套人民币真伪。

知识准备

根据 1999 年 6 月 30 日中华人民共和国国务院令第 268 号，中国人民银行自 1999 年 10 月 1 日起，在全国陆续发行第五套人民币。第五套人民币有 100 元、50 元、20 元、10 元、5 元、1 元、5 角和 1 角 8 种面额。1999 年版第五套人民币发行后，与第四套人民币混合流通，具有同等的货币职能。

1999 年版第五套人民币采用"一次公告，分次发行，新旧版混合流通，逐步回收旧版"的发行原则。1999 年 10 月 1 日成功地发行了第五套人民币 100 元券纸币；2000 年 10 月 16 日发行了第五套人民币 20 元券纸币、1 元和 1 角硬币；2001 年 9 月 1 日发行了第五套人民币 10 元、50 元券纸币；2002 年 11 月 18 日发行了第五套人民币 5 元券纸币、5 角硬币；2004 年 7 月 30 日发行了第五套人民币 1 元券纸币；2005 年 8 月 31 日发行了第五套人民币 2005 年版 6 个券种。

与第四套人民币相比，1999 年版第五套人民币具有鲜明的特点，它在设计上采用代表性的图案，更加体现了我们伟大祖国的悠久历史、壮丽河山和文化特色。该套人民币将国际先进的计算机辅助钞票设计与我国传统手工绘制工艺有机结合，借鉴了国外钞票的先进技术，在设计上充分考虑民族性和艺术性，既保留了中国传统的设计特点，又具有鲜明的时代特征。其特点如下：

（1）大肖像　毛泽东头像采用手工雕刻，防伪性能强。

（2）大水印　固定人像水印、固定花卉水印图案清晰可辨。

（3）大数字　放大面额数字便于公众鉴别和使用。

（4）打破边框设计　取消了以花边、花球为框的设计形式，整个票面呈开放式设计结构，增加了防伪措施空间。

（5）组合背景　采用自然景观、焦点透视和散光透视相结合的工艺，体现了中国文化特色。图纹花边设计既保持了货币的传统风格和特点，又具有防伪功能。

（6）强化防伪措施　第五套人民币中融入了当今世界先进防伪技术，如光变油墨、缩微技术等，其科技含量较高，达到世界先进水平。

 **实训案例**

一、1999 年版第五套人民币 100 元券纸币的常用防伪特征

1999 年版第五套人民币 100 元券纸币主色调为红色，票幅长 155 毫米、宽 77 毫米。正面主景为毛泽东头像，左侧为椭圆形花卉图案，票面左上方为中华人民共和国"国徽"图案，右下方为盲文面额标记。背面主景为"人民大会堂"图案，左侧为人民大会堂内圆柱图案，票面右上方为"中国人民银行"汉语拼音字母和蒙、藏、维、壮四种民族文字的"中国人民银行"字样和面额。如图 4-1、图 4-2 所示，其常用防伪特征如下。

图 4-1

图 4-2

（1）固定人像水印　位于正面左侧空白处，迎光透视，可以看到与主景人像相同、立体感很强的毛泽东头像水印。

（2）红、蓝彩色纤维　在票面上，可以看到纸张中有不规则分布的红色和蓝色纤维。

（3）磁性缩微文字安全线　钞票纸中的安全线，迎光透视，可以看到缩微文字"RMB100"字样。仪器检测有磁性。

（4）手工雕刻头像　正面主景毛泽东头像，采用手工雕刻凹版印刷工艺，形象逼真、传神，凹凸感强，易于鉴别。

（5）隐形面额数字　正面右上方有一装饰图案，将钞票置于与眼睛接近平行的位置，

面对光源作平面旋转 45°或 90°角,即可看到面额数字"100"字样。

(6) 胶印缩微文字　正面上方图案中,多处印有胶印缩微文字"RMB100"、"RMB"字样,在放大镜下可清晰地看到。

(7) 光变油墨面额数字　正面左下方位置的光变油墨面额数字"100"字样,与票面垂直角度观察为绿色,倾斜一定角度则变为蓝色。

(8) 阴阳互补对印图案　正面左下角和背面右下角均有一圆形的局部图案,迎光透视,可以看到正背面的局部图案会精确地重合在一起,组成一个完整的古钱币图案。

(9) 雕刻凹版印刷　正面的国徽、"中国人民银行"行名、面额数字及团花、主景图案毛泽东头像、右上角装饰图案、盲文面额标记及背面的主景图案人民大会堂、"中国人民银行"汉语拼音和民族文字、面额数字、凹印缩微文字、年号、行长章等均采用雕刻凹版印刷。这些地方的油墨高出纸面,用手指触摸有明显的凹凸感。

(10) 横竖双号码　正面采用横竖双号码印刷(两位冠字,八位号码),横号码为黑色,竖号码为蓝色。横号码有磁性。

(11) 五色荧光油墨印刷图案　票面正面行名下方胶印底纹处,在特定波长的紫外线下可以看到黄色的、采用五色荧光油墨印刷的面额数字"100"字样的图案。

(12) 有色荧光油墨印刷图案　背面采用有色荧光油墨印刷的浅红色椭圆形胶印图纹,在特定波长的紫外线下显现橘黄色荧光图案。

(13) 无色荧光纤维　在特定波长的紫外线下可见纸张中有随机分布的黄色和蓝色荧光纤维。

(14) 专用纸张　普通纸张在紫外线下有强烈的荧光反应,钞票专用纸张在紫外灯下观察无荧光反应。

二、1999 年版第五套人民币 50 元券纸币防伪特征

1999 年版第五套人民币 50 元券纸币主色调为绿色,票幅长 150 毫米、宽 70 毫米。正面主景为毛泽东头像,左侧为"中国人民银行"行名、阿拉伯数字"50"、面额"伍拾圆"和椭圆形花卉图案,左上角为中华人民共和国国徽图案,右下角为盲文面额标记,票面正面印有横竖双号码。背面主景为布达拉宫图案,右上方为"中国人民银行"汉语拼音字母和蒙、藏、维、壮 4 种民族文字的"中国人民银行"字样和面额。如图 4-3、图 4-4 所示。

图 4-3

项目四 现金业务操作技能

图 4-4

　　1999 年版第五套人民币 50 元券纸币的常用防伪特征有：固定人像水印；红、蓝彩色纤维；磁性缩微文字安全线；手工雕刻头像；隐形面额数字；胶印缩微文字；光变油墨面额数字；阴阳互补对印图案；雕刻凹版印刷；横竖双号码；无色荧光油墨印刷图案；有色荧光油墨印刷图案；无色荧光纤维；专用纸张。

三、1999 年版第五套人民币 20 元券纸币防伪特征

　　1999 年版第五套人民币 20 元券纸币主色调为棕色，票幅长 145 毫米、宽 70 毫米。正面主景为毛泽东头像，左侧为"中国人民银行"行名、阿拉伯数字"20"、面额"贰拾圆"和椭圆形花卉图案，票面左上方为中华人民共和国国徽图案，左下方印有双色横号码，右下方为盲文面额标记。背面主景为桂林山水图案，票面右上方为"中国人民银行"汉语拼音字母和蒙、藏、维、壮 4 种民族文字的"中国人民银行"字样和面额。如图 4-5、图 4-6 所示。

图 4-5

　　1999 年版第五套人民币 20 元券纸币的常用防伪特征有：固定花卉水印；红、蓝彩色纤维；安全线；手工雕刻头像；隐形面额数字；胶印缩微文字；雕刻凹版印刷；双色横号码；无色荧光油墨印刷图案；有色荧光油墨印刷图案；无色荧光纤维；专用纸张。

四、1999 年版第五套人民币 10 元券纸币常用防伪特征

　　1999 年版第五套人民币 10 元券纸币的票面设计如图 4-7、图 4-8 所示。其常用防伪特

图 4-6

征有：固定花卉水印；白水印；红、蓝彩色纤维；全息磁性开窗安全线；手工雕刻头像；隐形面额数字；胶印缩微文字；阴阳互补对印图案；雕刻凹版印刷；双色横号码。

图 4-7

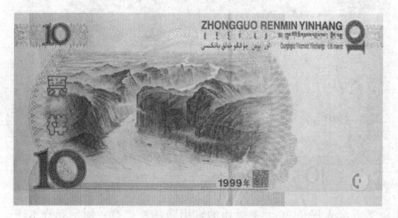

图 4-8

五、1999 年版第五套人民币 5 元券纸币常用防伪特征

1999 年版第五套人民币 5 元券纸币票面设计如图 4-9、图 4-10 所示。其常用防伪特征有：固定花卉水印；白水印；红、蓝彩色纤维；全息磁性开窗安全线；手工雕刻头像；隐

形面额数字；胶印缩微文字；雕刻凹版印刷；双色横号码；无色荧光油墨印刷图案；有色荧光油墨印刷图案；无色荧光纤维；专用纸张。

图 4-9

图 4-10

六、1999 年版第五套人民币 1 元券纸币常用防伪特征

1999 年版第五套人民币 1 元券纸币主色调为橄榄绿色，票幅长 130 毫米、宽 63 毫

图 4-11

米。正面主景为毛泽东头像，左侧为"中国人民银行"行名、阿拉伯数字"1"、面额"壹圆"和花卉图案，左上角为中华人民共和国国徽图案，左下角印有双色横号码，右下角为盲文面额标记。背面主景为西湖图案，左下方印有面额"1YUAN"，右上方为"中国人民银行"汉语拼音字母和蒙、藏、维、壮四种民族文字的"中国人民银行"字样和面额。防伪特征如图4-11、图4-12所示。

图 4-12

活动练习

结合1999年版第五套人民币各券别纸币的票面设计与常用防伪特征，运用手工和仪器相结合的方式，进行1999年版第五套人民币纸币的真伪鉴别。

教学活动3　2005年版第五套人民币防伪特征分析

活动目标

熟悉2005年版第五套人民币100元券、50元券、20元券、10元券、5元券纸币的票面设计特征和常用防伪特征，能用看、摸、听、测的鉴别方法和货币鉴别专业设备鉴别2005年版第五套人民币真伪。

知识准备

为提高第五套人民币的印刷工艺和防伪技术水平，经国务院批准，中国人民银行于2005年8月31日发行了第五套人民币2005年版100元、50元、20元、10元、5元纸币和不锈钢材质1角硬币。

2005版第五套人民币100元、50元、20元、10元、5元纸币规格、主景图案、主色调、"中国人民银行"行名和汉语拼音行名、面额数字、花卉图案、国徽、盲文面额标记、民族文字等，均与现行流通的1999年版第五套人民币同面额纸币相同。

2005版第五套人民币的防伪技术、防伪布局等实现了统一。20元纸币新增加了全息开窗安全线、阴阳互补图案、凹版印刷等技术。2005版第五套人民币100元、50元、20元、

10元、5元纸币正面主景图案右侧增加凹印手感线,背面主景图案下方为面额数字和汉语拼音"YUAN",年号为"2005年"。100元、50元券调整防伪布局。2005年版第五套人民币100元、50元纸币正面左侧中间处,背面右侧中间处为阴阳互补对印图案;左下角为光变油墨面额数字,其上方为双色异形横号码。2005版第五套人民币100元、50元、20元纸币正面左下角增加白水印面额数字。另外,在20元纸币正面左下角和背面右下角增加阴阳互补对印图案。在2005版第五套人民币的水印处增加了"防复印图案"。这是一些特殊排列的圆圈,作用是防止纸币被复印或打印。很多彩色复印机、扫描仪、打印机和图像处理软件都有识别此特殊图案的功能,发现带此图案的原稿就会拒绝复印或打印。

第五套人民币中的1角硬币材质由铝合金改为不锈钢,色泽为钢白色。即正面为"中国人民银行"、"1角"和汉语拼音字母"YIJIAO"及年号背面为兰花图案及中国人民银行的汉语拼音字母"ZHONGGUO RENMINYINHANG",直径为19毫米。

2005年版第五套人民币发行后,与1999年版第五套人民币等值流通。

实训案例

一、2005年版第五套人民币100元券纸币的常用防伪特征

2005年版第五套人民币100元纸币规格、主景图案、主色调等票面设计均与现行流通的1999年版的第五套人民币100元纸币相同,调整了部分防伪特征及其布局。如图4-13、图4-14所示。

图4-13

(1)固定人像水印 位于正面左侧空白处,迎光透视,可以看到与主景人像相同、立体感很强的毛泽东头像水印。

(2)白水印 位于正面双色异型横号码下方,迎光透视,可以看到透光性很强的面额数字图案水印。

(3)全息磁性开窗安全线 背面中间偏右,有一条全息磁性开窗安全线,开窗部分可

图 4-14

以看到由缩微字符"￥100"组成的全息图案,仪器检测有磁性。

(4) 手工雕刻头像　正面主景毛泽东头像,采用手工雕刻凹版印刷工艺,形象逼真、传神,凹凸感强,易于鉴别。

(5) 隐形面额数字　正面右上方有一装饰图案,将票面置于与眼睛接近平行的位置,面对光源作上下、倾斜晃动,可以看到面额数字"100"字样。

(6) 胶印缩微文字　正面上方胶印图案中,多处印有胶印缩微文字"RMB"、"RMB100",字样,在放大镜下可清晰地看到。

(7) 光变油墨面额数字　正面左下方位置的光变油墨面额数字"100"字样,与票面垂直角度观察为绿色,倾斜一定角度则变为蓝色。

(8) 胶印对印图案　正面左侧和背面右侧胶印底纹处均有一圆形的局部图案,迎光透视,可以看到正背面的局部图案会精确地重合在一起,组成一个完整的古钱币图案。

(9) 雕刻凹版印刷　正面的国徽、"中国人民银行"行名、面额数字及团花、主景图案毛泽东头像、右上角装饰图案、凹印手感线、盲文面额标记及背面的主景图案人民大会堂、汉语拼音"YUAN"、"中国人民银行"汉语拼音和民族文字、面额数字、凹印缩微文字、年号、行长章等均采用雕刻凹版印刷。这些地方的油墨高出纸面,用手指触摸有明显的凹凸感。

(10) 双色异型横号码　正面印有双色异型横号码(两位冠字、八位号码),左侧部分为红色,右侧部分为黑色,字形由中间向左右两边逐渐变小。仪器检测有磁性。

(11) 凹印手感线　正面主景图案右侧,有一组自上而下规则排列的线纹,采用雕刻凹版印刷工艺印制,用手指触摸,有极强的凹凸感。

(12) 无色荧光油墨印刷图案　票面正面行名下方胶印底纹处,在特定波长的紫外线下可以看到黄色的、采用无色荧光油墨印刷的面额数字"100"字样的图案。

(13) 有色荧光油墨印刷图案　背面采用有色荧光油墨印刷的浅红色椭圆形胶印图纹,在特定波长的紫外线下显现橘黄色荧光图案。

(14) 无色荧光纤维　在特定波长的紫外线下可见纸张中有随机分布的黄色和蓝色荧光纤维。

（15）专用纸张　普通纸张在紫外线下有强烈的荧光反应，钞票专用纸张在紫外灯下观察无荧光反应。

二、2005 年版第五套人民币 50 元券纸币的常用防伪特征

2005 年版第五套人民币 50 元券纸币的常用防伪特征如图 4-15、图 4-16 所示。

图 4-15

图 4-16

三、2005 年版第五套人民币 20 元券纸币的常用防伪特征

2005 年版第五套人民币 20 元券纸币的常用防伪特征如图 4-17、图 4-18 所示。

四、2005 年版第五套人民币 10 元券纸币的常用防伪特征

2005 年版第五套人民币 10 元券纸币的常用防伪特征如图 4-19、图 4-20 所示。

五、2005 年版第五套人民币 5 元券纸币的常用防伪特征

2005 年版第五套人民币 5 元券纸币的常用防伪特征如图 4-21、图 4-22 所示。

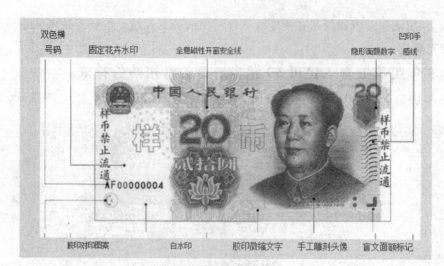

图 4-17

图 4-18

图 4-19

项目四 现金业务操作技能

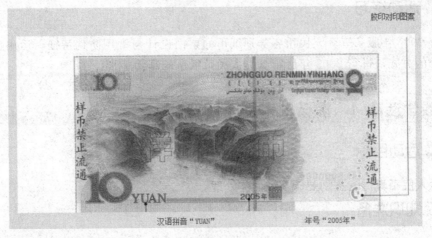

图 4-20

图 4-21

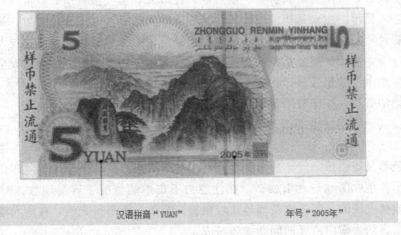

图 4-22

活动练习

结合 2005 年版第五套人民币各券别纸币的票面设计与常用防伪特征，运用手工和仪器相结合的方式，进行 2005 年版第五套人民币纸币的真伪鉴别。

教学活动 4　假币的鉴别和处理

活动目标

熟悉人民币真伪的鉴别要领及假币的处理。

知识准备

一、假币的种类

假人民币指仿照真人民币纸张、图案、水印、安全线等原样，利用各种技术手段非法制作的伪币。

假人民币包括伪造币和变造币。伪造币纸仿照真币原样，利用各种手段非法重新仿制的各类假票币。变造币指在真币基础上或以真币为基本材料，通过挖补、剪接、涂改、揭层等办法加工处理，使原币改变数量、形态实现升值的假货币。

假币种类包括机制、拓印、复印、照相、描绘、石、木版、以及蜡版、油印假币等。其中，电子扫描分色制版印刷的机制假币数量最多，伪造水平最高，危害性最大。

1. 伪造币

伪造币是指仿造真币的图案、形状、色彩等，采用各种手段制作的假货币。有用油印定位，手工着色，正背两面经分别仿制后粘贴而成的；有用木刻后手工修饰的；有仿照人民币图案绘画、着色的（但这种纯手工绘制得很少见）；有彩色复印或黑白复印后手工着色的；更多的是印刷机印刷的。

（1）机制假币　所谓机制假币就是利用现代化的制版印刷设备伪造的假币。这类假币伪造的质量高、数量多，极其容易扩散，危害性最大，是反假货币的最重要的目标。目前市场上伪造人民币的主要是机制胶印假币。随着激光排版、电子分色制版、计算机扫描分色制版和彩色复印、胶版印刷等高新技术的广泛应用，犯罪分子利用先进技术和设备大量印制假币。有些假币还通过仿制和变造使假币具有了荧光油墨、磁性金属安全线等机读特征。这类假币由于质量较高，比较难以识别，要识别就要掌握其特征。

（2）拓印假币　拓印假币是指利用化学原理，以一定化学物质浸泡真币，使真币色彩脱离，构成其他图案滋生的假币。拓印假币时破坏了真币形成了被拓印币，被拓印币是真币。

（3）色彩复印假币　复印假币就是指利用分辨率很高的彩色复印机复印伪造出来的假币。这类币颜色、图案与真币相似，在注意力不集中的情况下容易误收，但只要仔细识别，还是能够发现的。因为这类假钞比较粗糙，线条一般不很光洁，在放大镜下观察，该种假币的图案均为横向或竖向间断线条组成。

（4）手工描绘或手工刻版印刷的假币　这类假币是采用传统的原始造假手段制作的，该类假币伪造手段落后，制版的材料质量低劣，伪造出来的假币质量很差，比较容易识别。

(5) 照相假币　照相假币采用相纸做钞纸材料，是利用照相设备拍摄、冲印成型的假币，它与一般的相片制作方法相同效果也相同，此类假币纸张厚且脆，稍加揉折票面就有裂痕，票面带有与真币截然不同的光泽。流通时间久了，会产生如同龟裂的形态。

(6) 铸造假币　利用浇铸或印模压印制造的硬假币，一般其图文粗糙、模糊，没有金属光泽，可用肉眼辨别。通过真币做模版刻制印模，再用冲床机压印出来的硬假币，与真币较为相似，欺骗性强。在识别时需要与真币仔细比较才能看出真假。

2. 变造币

变造币是指在真币的基础上，利用挖补、揭层、涂改、拼凑、移位、重印等多种方法制作，改变真币原形态的假币。变造币由于其变造后改变了真币的一些特征，一般容易识别。其种类有以下两种。

(1) 剪贴变造币　将人民币剪成若干条，每张去其中一条、数条可接凑一张完整的人民币，以少张变多张，从中牟利。

(2) 揭页变造币　将人民币先进行一定处理，然后一揭为二，再用白纸进行粘贴，形成一面是真币，一面是假币。

二、假人民币的主要特征

无论采用何种方式伪造的假人民币，与真币总有一定的差异。

1. 纸币假币的主要特征

(1) 固定人像、花卉水印　假钞伪造水印的方法一般有两种：一种是在纸张夹层中涂布白色浆料，透光观察水印所在位置的纸张明显偏厚；另一种是在票面上面、背面或正背面同时使用无色或淡黄色油墨印刷类水印的图案，图案不透光也清晰可见，立体感较差。

(2) 安全线　假钞伪造安全线的方法有三种：第一种方法是在假钞表面，用油墨印刷一个线条，用于伪造安全线，仪器检测无磁性特征；第二种方法是在纸张夹层中放置与安全线等宽的聚酯类线状物，因其与纸张结合较差，极易抽出，安全线上的微缩文字字形较为粗糙，仪器检测无磁性特征；第三种方法是伪造开窗安全线，使用双层纸张，在正面的纸张上，对应开窗位置留有断口，使镀有金属反射表面的聚酯类线状物，从一个断口伸出，再从另一个断口埋入，用以伪造开窗安全线，其安全线与纸张结合较差，无全息图像。

(3) 红、蓝彩色纤维　假钞使用红蓝两色油墨印刷一种与真钞的色彩形状纤维近似的细线，用于伪造红、蓝彩色纤维。

(4) 雕刻凹版印刷图案　假钞的正背面主景图案多是由细点组成（真钞由点、线组成），图案颜色不正、缺乏层次、明暗过渡不自然，特别是人像目光无神，发丝模糊；图案无凹凸感，也有一部分假币在凹印图部位涂抹胶水或压痕来模仿凹印效果。

(5) 隐性面额数字　假钞隐性面额数字是使用无色油墨印刷而成的，图纹线条与真券差别较大，即使垂直钞面也可看到。

(6) 胶、凹印微缩文字　假钞的微缩文字模糊不清，无法分辨。

(7) 光变油墨面额数字　假钞一般使用两种方式伪造光变面额数字：一种是用普通单色油墨平版印刷的，无真钞特有的颜色变换特征，用手触及其表面时无凹凸感；另一种伪造方法是使用珠光油墨丝网印刷，其变色特征与真钞有较明显的区别。如 100 元假钞，使用绿色珠光油墨伪造光变面额数字有一定的光泽，但其线条粗糙，只有绿色珠光效果，无蓝色特征。

(8) 阴阳互补对应图案　假钞的对印图案，在迎光透视时正背图案重合得不够完整，线条有明显的错位现象。

(9) 有色、无色荧光图案　在紫外线照射下，假钞要么没有有色、无色荧光图案，要么其颜色及亮度与真钞有一定的差别。

(10) 专用纸张　大部分假钞所使用的纸张在紫外线下会发出较强的蓝色荧光，也有少量假钞荧光较弱或没有荧光。假钞纸张中不含无色荧光纤维。

2. 硬币假币的主要特征

市场上的金属假币五花八门，必须有一套识别金属假币的技术。所有金属假币不论制假者手段如何高超，都有其共同特点。从整体特征来看：一是金属假币工艺粗糙，成色不足，颜色不一，黄铜币发白、发亮，白铜币显黄，这是金属假币合金配置比例不当所致；二是金属假币正、背面图案花纹比较模糊，没有真币那样有层次感和立体感，显得呆板，仔细观察有形同而神不似的感觉；在放大镜下，图案花纹、笔道有明显的沙粒状结构，光泽和亮度均不及真币，金属假币字体略粗，笔画不规范、有棱角，国徽、天安门图案欠分明；三是假币的单枚重量各枚之间差异较大。

三、发现假币的处理

单位和个人发现假币应上缴中国人民银行办理货币存取款和外币兑换业务的金融机构。金融机构是指商业银行、城乡信用社、邮政储蓄等业务机构。

金融机构在办理业务时发现假币应予以收缴。收缴假币时应该做到以下几点。

(1) 由该金融机构两名以上具有鉴定技能并获得反假货币上岗资格证书的业务人员当假币持有人的面予以收缴。业务人员收缴假币时应出示人民银行颁发的反假货币上岗资格证书，并在监控下进行；其中鉴别假币时应采用人、机结合的方式，并注意方式、方法，让假币持有人心服口服，假币无处遁形。

(2) 对假人民币纸币，业务人员应当持有人的面在假币正背面加盖"假币"字样的戳记。

(3) 对假外币纸币及各种假硬币，业务人员应当持有人的面以统一格式的专用袋加封，封口处加盖"假币"字样戳记，并在专用袋上标明币种、券别、面额、张（枚）数、冠字号码、收缴人、复核人名章等细项。

(4) 收缴假币的金融机构（简称收缴单位）的业务人员应完整地填制中国人民银行统一印制的假币收缴凭证，并请假币持有人在客户签字栏签字确认；然后向持有人出具一联假币收缴凭证。

(5) 收缴单位的业务人员告知持有人如对被收缴的货币真伪有异议，可自收缴之日起3个工作日内，持假币收缴凭证直接或通过收缴单位向中国人民银行当地分支机构或中国人民银行授权的当地鉴定机构提出书面鉴定申请。

(6) 收缴的假币，不得再交予持有人。

(7) 金融机构对收缴的假币实物进行单独管理，并建立假币收缴代保管登记簿。

四、假币鉴定规程

(1) 中国人民银行授权的鉴定机构，应当在营业场所公示授权证书。

（2）持有人对被收缴货币的真伪有异议，在被收缴之日起的 3 个工作日内持假币收缴凭证，直接或通过收缴单位向中国人民银行当地分支机构或中国人民银行授权的当地鉴定机构提出书面鉴定申请。

（3）中国人民银行当地分支机构和中国人民银行授权的鉴定机构应当无偿提供鉴定货币真伪的服务，鉴定后应出具中国人民银行统一印制的货币真伪鉴定书，并加盖货币鉴定专用章和鉴定人名章。

（4）中国人民银行分支机构和中国人民银行授权的鉴定机构应当自收到鉴定申请之日起 2 个工作日内，通知收缴单位报送需要鉴定的货币收缴单位应当自收到鉴定单位通知之日起 2 个工作日内，将需要鉴定的货币送达鉴定单位。

（5）中国人民银行分支机构和中国人民银行授权的鉴定机构应当自受理鉴定之日起 15 个工作日内，出具货币真伪鉴定书。因情况复杂不能在规定期限内完成的，可延长至 30 个工作日，但必须以书面形式向申请人或申请单位说明原因。

（6）经鉴定为真币的，对人民币，由鉴定单位交收缴单位按照面额兑换完整券退还持有人，同时收回持有人的假币收缴凭证，盖有"假币"戳记的人民币按损伤人民币处理；对外币纸币和各种硬币，由鉴定单位交收缴单位退还持有人，并收回假币收缴凭证。

（7）经鉴定为假币的，对假人民币，由鉴定单位予以没收，并向收缴单位和持有人开具货币真伪鉴定书和假币没收收据；对假外币纸币和各种假硬币，由鉴定单位退回收缴单位依法收缴，并向收缴单位和持有人出具货币真伪鉴定书。

（8）如持有人对金融机构作出的有关收缴或鉴定假币的具体行政行为有异议，可在收到假币收缴凭证或假币真伪鉴定书之日起 60 个工作日内申请行政复议，或依法提起行政诉讼。

（9）持有人对中国人民银行分支机构作出的有关鉴定假币的具体行政行为有异议，可在收到货币真伪鉴定书之日起 60 个工作日内向其上一级机构申请行政复议，或依法提起行政诉讼。

实训案例

真假货币的鉴别。

1. 纸币的鉴别方法

检验真假纸币的方法基本分为两种，机器检验和手工检验。这两种方法就是我们通常所说的采用直观对比和仪器检测相结合的方法。

（1）机器检验　机器检验是通过验钞机检测钞票真伪，一般要经过几次检测，而且还要进行手工检验，因为有时验钞机也会出现误判。另外，还可以借助一些简单的工具和专业仪器进行钞票真伪识别。如借助放大镜来观察票面线条的清晰度，胶、凹印缩微文字等；用紫外灯光照射钞票，观察有色和无色荧光油墨印刷图案，纸张中不规则分布的黄、蓝两色荧光纤维；用磁性检测仪检测黑色横号码的磁性。

（2）手工检验　手工检验包括眼睛看（视觉）、手摸（感觉）、耳听（听觉）三方面。

① 眼看。用眼睛仔细地观察票面颜色、图案、花纹、水印、安全线等外观情况，人民币的图案颜色协调，图案人像层次分明，富有立体感，人物形象表情传神，色调柔和亮丽；票面中的水印，立体感强，层次分明，灰度清晰；安全线和纸张牢固粘在一起，并有特殊的防伪标记；对印图案完整、准确；各种线条粗细均匀，直线、斜线、波纹线清晰、

光洁。

② 手摸。依靠手指触摸钞票的感觉来分辨人民币的真伪。人民币是采用特种原料，由专业钞造设备制造的印钞专用纸张印制，其手感光滑、薄厚均匀，坚挺有韧性，且铺面上的行名、盲文、国徽和主景图案一般采用凹版印刷工艺，用手轻轻触摸，有凹凸感，手感与触摸普通纸感觉不一样。

③ 耳听。通过抖动使钞票发出声响，根据声音来判断人民币的真伪。人民币是用专用特制纸张印制而成的，具有挺括、耐折、不易撕裂等特点，手持钞票用力抖动，手指轻弹或两手一张一弛、轻轻对称拉动钞票，均能发出清脆响亮的声音。

在这里需要指出的是，在钞票防伪识别过程中，不能仅凭一点或几点不同就草率地辨别真伪，还要考虑到钞票流通中受到的诸多因素影响，进行综合分析。

钞票在流通过程中，随着时间的推移，票面会出现磨损，甚至会受到一些化学物质等的污染，从而造成钞票真伪难辨。如流通时间过长，票面磨损严重造成钞票水印不够清晰，钞票凹印的凹凸感会不明显；钞票碰到强热辐射颜色会改变，遇到酸、碱、有机溶剂、油污等污染，会造成正面光变面额数字失去光变效果，票面的有色、无色荧光图案和纸张中的无色荧光纤维的荧光反应减弱；如钞票被洗衣粉浸泡后，钞票纸会没有荧光反应等，同时上述因素还有可能造成清分或验钞机的误判。

2. 硬币鉴别方法

（1）对比法　对比法是识别金属假币的一种比较有效的方法。如果你收到一枚硬币难以辨别真伪，那么，用3~5倍的放大镜，与一枚真的金属硬币仔细比较，一般都能辨别出真伪。真币的外形都很规整，硬币的边部光滑平整，币面图案的中心线基本对正重合，有着柔和的金属光泽。而假币往往其外形不怎么规整，特别是假币的边部，很容易有毛刺或者起线不圆滑，厚度不均匀，图纹文字模糊发虚，正、背面图案的中心线错位较大，其金属色泽发白、发闷，有的虽然也有金属光泽，但其光泽散发。在硬币的材质方面，真币材料都是高品质的金属材料制成，而金属假币的制造者选用的材料不可能精良，这样就使得色泽难以做到与真币一模一样。更重要的是假币的制造者没有压制硬币的专用压印机和印模，由于没有专门的硬币制模设备和专业工艺技术，在其翻制模具过程中一般不可能做到与压印真币的印模完全一样。因此采用与真币的对比法，通常可以识别多种假币。

（2）测量称重法　如果我们通过上面的对比法，仍难以把握金属硬币真伪，那么我们还可以采用测量称重法来进行鉴别。当我们拿到一枚金属硬币的时候，可以先用一把千分尺来仔细测量上下金属硬币的直径、厚度，如有条件，可以用工具显微镜检测其清边宽度是否均匀，清边高度和清边是否对称，然后可以用精度不低于0.001克的均衡测量器检测一下硬币的单枚重量，假币的直径、厚度、清边宽度、单枚重量等重要的技术参数都难以达到与真币完全一致。因此，通过测量称重法也可以鉴别出金属硬币的真伪。

（3）图纹重合比照法　对于有些采用高科技仿制的质量较高的金属硬币，我们采用对接重影比较仪进行图纹重合检查。将真币和待测币放在对接重影比较仪下，仔细地将两枚硬币的图案、花纹、文字进行重合比较，仔细观察两枚硬币的图案、花纹、文字是否完全重合，因为假币制造者制作的印模是难以做到与真币一模一样的。所以，利用对接重影比较仪就可以鉴别硬币的真伪了。

（4）合金成分分析法　这种检验分析方法比较专业，不是到处都可以有检测的。如遇到数量较大难以辨别的真假金属硬币，建议可以送到国家造币厂去检测，通过对硬币金属材料的分析，辨别其真伪。

知识链接

《中华人民共和国刑法》中关于制造、贩卖、使用假币处罚规定

第一百七十条　伪造货币的，处三年以上十年以下有期徒刑，并处五万元以上五十万元以下罚金。有下列情形之一的，处十年以上有期徒刑、无期徒刑或者死刑，并处五万元以上五十万元以下罚金或者没收财产：

（1）伪造货币集团的首要分子；

（2）伪造货币数额特别巨大的；

（3）有其他特别严重情节的。

第一百七十一条　出售、购买伪造的货币或者明知是伪造的货币而运输，数额较大的，处三年以下有期徒刑或者拘役，并处二万元以上二十万元以下罚金；数额巨大的，处三年以上十年以下有期徒刑，并处五万元以上五十万元以下罚金；数额特别巨大的，处十年以上有期徒刑或者无期徒刑，并处五万元以上五十万元以下罚金或者没收财产。

银行或者其他金融机构的工作人员购买伪造的货币或者利用职务上的便利，以伪造的货币换取货币的，处三年以上十年以下有期徒刑，并处二万元以上二十万元以下罚金；数额巨大或者有其他严重情节的，处十年以上有期徒刑或者无期徒刑，并处二万元以上二十万元以下罚金或者没收财产；情节较轻的，处三年以下有期徒刑或者拘役，并处或者单处一万元以上十万元以下罚金。

伪造货币并出售或者运输伪造的货币的，依照本法第一百七十条的规定定罪从重处罚。

第一百七十二条　明知是伪造的货币而持有、使用，数额较大的，处三年以下有期徒刑或者拘役，并处或者单处一万元以上十万元以下罚金；数额巨大的，处三年以上十年以下有期徒刑，并处二万元以上二十万元以下罚金；数额特别巨大的，处十年以上有期徒刑，并处五万元以上五十万元以下罚金或者没收财产。

第一百七十三条　变造货币，数额较大的，处三年以下有期徒刑或者拘役，并处或者单处一万元以上十万元以下罚金；数额巨大的，处三年以上十年以下有期徒刑，并处二万元以上二十万元以下罚金。

知识链接

《中华人民共和国中国人民银行法》中关于人民币管理方面规定

第十六条　中华人民共和国的法定货币是人民币。以人民币支付中华人民共和国境内的一切公共的和私人的债务，任何单位和个人不得拒收。

第十七条　人民币的单位为元，人民币辅币单位为角、分。

第十八条　人民币由中国人民银行统一印制、发行。

中国人民银行发行新版人民币，应当将发行时间、面额、图案、式样、规格予以公告。

第十九条　禁止伪造、变造人民币。禁止出售、购买伪造、变造的人民币。禁止运输、持有、使用伪造、变造的人民币。禁止故意毁损人民币。禁止在宣传品、出版物或者

其他商品上非法使用人民币图样。

第二十条 任何单位和个人不得印制、发售代币票券，以代替人民币在市场上流通。

第四十二条 伪造、变造人民币，出售伪造、变造的人民币，或者明知是伪造、变造的人民币而运输，构成犯罪的，依法追究刑事责任；尚不构成犯罪的，由公安机关处十五日以下拘留、一万元以下罚款。

第四十三条 购买伪造、变造的人民币或者明知是伪造、变造的人民币而持有、使用，构成犯罪的，依法追究刑事责任；尚不构成犯罪的，由公安机关处十五日以下拘留、一万元以下罚款。

第四十四条 在宣传品、出版物或者其他商品上非法使用人民币图样的，中国人民银行应当责令改正，并销毁非法使用的人民币图样，没收违法所得，并处五万元以下罚款。

第四十五条 印制、发售代币票券，以代替人民币在市场上流通的，中国人民银行应当责令停止违法行为，并处二十万元以下罚款。

活动练习

多项选择题（答案中有1个或1个以上正确答案）

1. 第五套人民币各面额纸币上的年号位于票面的（　　）。
   A. 毛泽东头像下方　　　　B. 正面大面额数字下方
   C. 背面左下方　　　　　　D. 背面偏右下方

2. 第五套人民币100元纸币正面哪几个部位是采用雕刻凹版印刷的？（　　）
   A. 头像　　　B. 行名　　　C. 国徽　　　D. 盲文面额标记
   E. 对印图案　　　　　　　F. 含隐形面额数字的装饰图案

3. 第五套人民币50元纸币的光变面额数字的颜色变化是由（　　）。
   A. 绿变金　　B. 金变绿　　C. 蓝变黄　　D. 绿变蓝

4. 第五套人民币10元纸币的背面主景图案是（　　）。
   A. 桂林山水　B. 泰山　　　C. 长江三峡　D. 布达拉宫

5. 第五套人民币10元纸币安全线包含的防伪措施是（　　）。
   A. 全息　　　B. 荧光　　　C. 磁性　　　D. 开窗

6. 第五套人民币5元纸币的背面主景图案是（　　）。
   A. 桂林三水　B. 布达拉宫　C. 长江三峡　D. 泰山

7. 第五套人民币5元纸币水印中花卉图案是（　　）。
   A. 菊花　　　B. 月季花　　C. 水仙花　　D. 荷花

8. 第五套人民币5元纸币的主色调为（　　）。
   A. 紫色　　　B. 蓝黑色　　C. 棕色　　　D. 红色

9. 第五套人民币1999年版哪几种面额纸币采用了白水印？（　　）
   A. 100元　　B. 50元　　　C. 20元
   D. 10元　　　E. 5元

10. 下列纸币的防伪措施中，有哪些是需要迎光透视才能观察到完整的防伪效果？（　　）
    A. 光可变油墨　B. 水印　　C. 隐形面额数字　D. 阴阳互补对印图案
    E. 安全线　　　F. 凹印缩微文字

11. 金融机构在收缴假币过程中发现（　　）等情况，应当立即报告公安机关。
   A. 一次性发现假人民币 20 张（枚）以上的
   B. 一次性发现假外币 10 张（枚）以上的
   C. 属于利用新的造假手段制造假币的
   D. 有制造、贩卖假币线索的
   E. 持有人不配合金融机构收缴行为的
12. 假币收缴必须遵循以下哪几项操作程序。（　　）
   A. 两名以上业务人员收缴　　　　　B. 在持有人视线范围内当面收缴
   C. 加盖"假币"章或用专用袋加封　　D. 出具《假币收缴凭证》
   E. 向持有人告知其权利　　　　　　F. 将盖章后的假币退回持有人
13. 假币收缴专用袋上应标明以下哪几项内容？（　　）
   A. 收缴人　　　B. 券别　　　C. 面额　　　D. 收缴单位
   E. 持有人　　　F. 冠字号码
14. 中国人民银行授权的鉴定机构，应当在营业场所公示（　　）。
   A. 假币管理条例　　　　　　　　B. 货币真伪鉴定书
   C. 中国人民银行授权书　　　　　D. 没有正确的答案
15. 中国人民银行分支机构和中国人民银行授权的鉴定机构应当自受理鉴定之日起（　　）个工作日内，出具货币真伪鉴定书。
   A. 15　　　B. 20　　　C. 14　　　D. 7
16. 中国人民银行分支机构和中国人民银行授权的鉴定机构鉴定货币真伪时，应当至少有（　　）名鉴定人员同时参与。
   A. 2　　　B. 3　　　C. 4　　　D. 5
17. 持有人对中国人民银行分支机构作出的有关鉴定假币的具体行政行为有异议，可在收到（　　）之日起（　　）内向其上一级机构申请行政复议，或依法提起行政诉讼。
   A. 假币收缴凭证，60 个工作日　　B. 货币真伪鉴定书，60 个工作日
   C. 货币真伪鉴定书，60 天　　　　D. 假币收缴凭证，60 天
18. 对盖有"假币"字样戳记的人民币纸币，经鉴定为假币的，由鉴定单位予以没收，并向收缴单位和持有人开具（　　）。
   A. 假币没收凭证　　　　　　　　B. 假币没收收据
   C. 人民币真伪鉴定书　　　　　　D. 货币真伪鉴定书
19. 金融机构柜面人员一次发现 20 张（枚）以上假外币，应该（　　）。
   A. 报告主管部门　　　　　　　　B. 报告人民银行
   C. 报告工商行政管理局　　　　　D. 报告公安机关
20. 对金融机构柜面人员发现假人民币不予收缴的处罚金额为（　　）。
   A. 1000 元以上　　B. 50000 元以下　　C. 1000 元以下　　D. 500 元以上
21. 《中国人民银行假币收缴、鉴定管理办法》由（　　）负责解释。
   A. 国务院　　　　　　　　　　　B. 中国人民银行及其分支机构
   C. 中国人民银行　　　　　　　　D. 以上均是
22. 《中国人民银行假币收缴、鉴定管理办法》所称的外币包括（　　）。
   A. 新西兰元　　　B. 英镑　　　C. 菲律宾比索　　　D. 瑞士法郎

E. 挪威克朗　　　　F. 瑞典克朗

23. 下列人民币有哪些不得流通？（　　）
   A. 不能兑换的残缺、污损的人民币　　B. 停止流通的人民币
   C. 流通纪念币　　　　　　　　　　　D. 贵金属纪念币

24. 下列哪些行为是《中华人民共和国人民币管理条例》所禁止的？（　　）
   A. 伪造、变造人民币　　　　　　　　B. 故意毁损人民币
   C. 持有伪造、变造的人民币　　　　　D. 制作、仿制、买卖缩小的人民币图样
   E. 高价出售所谓"错版"的流通人民币

25. 1999年版1元硬币的材质为（　　）。
   A. 铝合金　　　B. 铁合金镀铬　　C. 铅合金镀镍　　D. 钢芯镀镍
   E. 铜芯镀镍

26. 第五套人民币50元券背面右上角四种民族文字为（　　）。
   A. 满、蒙、维、藏　　　　　　　　　B. 满、藏、蒙、壮
   C. 鲜、满、藏、彝　　　　　　　　　D. 蒙、藏、维、壮

27. 以下哪些防伪措施是印刷过程中实现的？（　　）
   A. 水印　　　　B. 隐形面额数字　　C. 特种安全纤维　　D. 磁性号码
   E. 安全线　　　F. 荧光图案

28. 以下哪些防伪措施是在造纸过程中实现的？（　　）
   A. 手工雕刻头像　　B. 水印　　　C. 荧光安全线　　D. 磁性号码
   E. 特种安全纤维　　F. 光变面额数字

29. 第五套人民币100元券采用的特种安全纤维有（　　）。
   A. 有色纤维　　　B. 有色荧光纤维　　C. 无色荧光纤维
   D. 磁性纤维　　　E. 金属纤维

30. 相对第四套人民币而言，第五套人民币整体上增加了哪些防伪措施？（　　）
   A. 光变油墨面额数字　　　　　　　　B. 彩虹印刷
   C. 白水印　　　　　　　　　　　　　D. 多色套印
   E. 凹印接线技术　　　　　　　　　　F. 缩微文字

31. 《中华人民共和国人民币管理条例》规定，中国人民银行发行新版人民币，应当将新版人民币的（　　）等予以公告。
   A. 发行时间及面额　　　　　　　　　B. 图案、式样
   C. 规格　　　　　　　　　　　　　　D. 样币
   E. 主色调　　　　　　　　　　　　　F. 主要特征

32. 未经中国人民银行批准，任何单位和个人不得（　　）和使用印制人民币所特有的防伪材料、防伪技术、防伪工艺和专用设备。
   A. 研制　　　　B. 仿制　　　C. 引进
   D. 销售　　　　E. 购买

33. 中华人民共和国的法定货币是人民币。以人民币支付中华人民共和国（　　），任何单位和个人不得拒收。
   A. 境内的一切公共债务　　　　　　　B. 境外的一切货款
   C. 境内的一切私人债务　　　　　　　D. 港澳地区的一切债务

34. 第三套人民币是（　　）起停止流通的。
   A. 1999年12月1日　　　　　　　B. 2000年7月1日
   C. 2000年1月1日　　　　　　　 D. 1999年10月1日
35. 开窗安全线是指（　　）的一种安全线。
   A. 全部裸露在纸张上　　　　　　B. 明暗相间
   C. 局部埋在纸张中、局部裸露在纸张上
36. 纸币的防伪措施概括起来包括以下哪几个方面？（　　）
   A. 纸张　　　　B. 油墨　　　　C. 安全线　　　　D. 水印
   E. 印刷技术　　F. 磁性
37. 第五套人民币2005年版于（　　）发行流通。
   A. 1999年10月1日　　　　　　　B. 2005年1月1日
   C. 2005年8月31日　　　　　　　D. 2005年10月1日
38. 第五套人民币2005年版100元券、50元券与1999年版比较，增加（　　）防伪特征。
   A. 正面主景右侧凹印手感线　　　B. 双色异形号码
   C. 白水印　　　　　　　　　　　D. 背面主景图案下方增加汉语拼音"YUAN"
   E. 防复印图案
39. 第五套人民币2005年版与1999年版比较，取消了纸张中（　　）。
   A. 光变油墨　　B. 胶印对印图案　　C. 磁性号码　　D. 红、蓝彩色纤维

项目五 票币兑换与计算

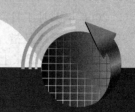

学习目标

◇ 掌握票币兑换业务的规定、标准和兑换手续。
◇ 掌握票币计算的基本理论和技能。

技能目标

◇ 掌握票币兑换的技能。
◇ 掌握票币计算的技术。

学习任务一 票币兑换业务

学生的任务

◇ 要求学生掌握票币兑换的相关理论。
◇ 要求学生掌握票币兑换的相关流程。
◇ 要求学生掌握残缺票币兑换的相关理论。

教师的任务

◇ 讲解票币兑换业务的主要知识点。
◇ 指导学生进行票币的兑换。
◇ 指导学生完成本次教学活动练习。

 教学活动　票币兑换的相关知识

活动目标

熟知票币兑换的业务种类等理论知识。

知识准备

人民币的流通不仅要在总量上,而且必须在结构和质量上适应商品流通的需要。人民币在流通中如果出现结构比例失当或质量过差，就会影响商品流通的正常进行，给人民生活带来不便。因此，适时调节市场流通人民币的结构比例和及时回收、兑换损伤票币业务是银行出纳的重要工作任务之一。银行经办现金业务的各个营业单位（包括储蓄所），都应积极、认真地办理这项业务。损伤票币兑换业务，又是一项政策性很强的业务。由于人民币在流通中会受到各种难以预料的损伤，所以在办理损伤票币兑换业务时，必须严格按照中国人民银行制定的"残缺人民币兑换办法"及"残缺人民币兑换办法内部掌握说明"所规定的标准来办理。做到兼顾国家和人民群众利益，维护人民币信誉。

一、票币兑换业务种类

票币兑换业务可分为以下三种。第一种是用大面额人民币调换小面额人民币业务。这项业务是调剂市场主辅币流通比例的主要手段，它直接为商品交易的顺利进行服务。第二种是用小面额人民币调换大面额人民币业务。这项业务是为了方便客户存储、携带的需要。第三种是残缺人民币兑换业务。这项业务是为了保持市场流通人民币的整洁，维护人民币信誉和人民群众的利益。

二、残缺人民币的兑换及标准

人民币在流通过程中，由于日久自然磨损，或由于火烧、水侵、虫蛀、鼠咬、霉烂等特殊原因，造成票币损伤，不能在市场上继续流通的，应及时到各商业银行办理兑换。为保护国家货币和人民利益，便利流通，在兑换过程中，要从实际出发，既要照顾群众利益，又要警惕一些人的欺骗多换行为，以达到保持流通票币整洁、方便群众，维护人民币信誉的目的。

《中国人民银行残缺污损人民币兑换办法》中规定：残缺、污损人民币是指票面撕裂、损缺，或因自然磨损、侵蚀，外观、质地受损，颜色变化，图案不清晰，防伪特征受损，不宜再继续流通使用的人民币。凡办理人民币存取款业务的金融机构（以下简称金融机构）应无偿为公众兑换残缺、污损人民币，不得拒绝兑换。

残损人民币兑换规范如下。

残缺、污损人民币兑换分"全额"、"半额"两种情况。

（1）能辨别面额，票面剩余四分之三（含四分之三）以上，其图案、文字能按原样连接的残缺、污损人民币，应向持有人按原面额全额兑换。

（2）能辨别面额，票面剩余二分之一（含二分之一）至四分之三以下，其图案、文字能按原样连接的残缺、污损人民币，金融机构应向持有人按原面额的一半兑换。纸币呈正十字形缺少四分之一的，按原面额的一半兑换。

（3）兑付额不足一分的，不予兑换；五分按半额兑换的，兑付二分。

（4）不予兑换的残缺人民币，主要有以下几种情况。

① 票面残缺二分之一以上者。
② 票面污损、熏焦、水湿、油渍、变色、不能辨别真假者。
③ 故意挖补、涂改、剪贴、拼凑、揭去一面者。

不予兑换的残缺人民币，由中国人民银行打洞作废，不得流通使用。

三、票币兑换业务的处理

在办理各种票币兑换业务时，均应由客户填写票币兑换清单，经兑换专柜人员审核无误后，序时逐笔登记票币兑换登记簿，按照先收入后付出的操作顺序，准确无误地办理。

金融机构在办理残缺、污损人民币兑换业务时，应向残缺、污损人民币持有人说明认定的兑换结果。不予兑换的残缺、污损人民币，应退回原持有人。

残缺、污损人民币持有人同意金融机构认定结果的，对兑换的残缺、污损人民币纸币，金融机构应当面将带有本行行名的"全额"或"半额"戳记加盖在票面上；对兑换的残缺、污损人民币硬币，金融机构应当面使用专用袋密封保管，并在袋外封签上加盖"兑换"戳记。

残缺、污损人民币持有人对金融机构认定的兑换结果有异议的，经持有人要求，金融机构应出具认定证明并退回该残缺、污损人民币。

持有人可凭认定证明到中国人民银行分支机构申请鉴定，中国人民银行应自申请日起5个工作日内作出鉴定并出具鉴定书。持有人可持中国人民银行的鉴定书及可兑换的残缺、污损人民币到金融机构进行兑换。

金融机构应按照中国人民银行的有关规定，将兑换的残缺、污损人民币交存当地中国人民银行分支机构。

实训案例

残损人民币兑换规范实训

一、全额兑换案例

具体的金额兑换案例如图 5-1 所示。

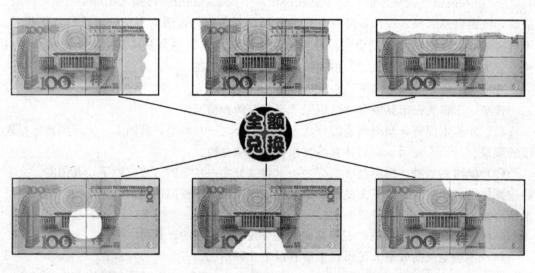

图 5-1

二、半额兑换案例

具体的半额兑换案例如图 5-2 所示。

三、不可兑换案例

具体的不可兑换案例如图 5-3 所示。

项目五　票币兑换与计算

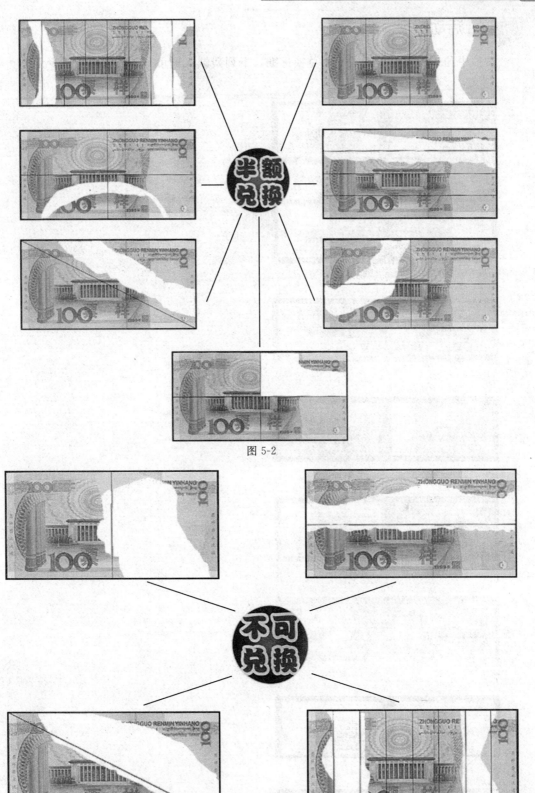

图 5-2

图 5-3

活动练习

按照中国人民银行残缺人民币兑换标准，下列残缺人民币分别可以兑换多少元？

1.

2.

3.

4.

5.

6.

7.

8.

9.

学习任务二
票币计算技能

学生的任务

- 要求学生掌握票币计算的基础知识。
- 要求学生能掌握票币计算的技术要求。
- 要求学生掌握票币计算的操作步骤。

教师的任务

- 讲解票币计算的相关知识点。
- 指导学生进行票币的计算。
- 指导学生完成本次教学活动练习。

 教学活动　票币计算方法

活动目标

掌握票币计算的基本技能。

知识准备

一、票币计算的基础知识

票币计算技能是会计综合技能的重要内容，广泛用于银行柜面、收银、出纳会计现金收付、配款等工作。珠算是银行出纳人员必须掌握的一项基本技术。票币计算技能要求出纳人员先用心算将货币（有价证券）的张、把、捆数换算成金额，然后用珠算或计算器累加。从计算程序来看，它是一种乘加法，是心算加珠算或计算器的一种特殊算法。这项技术的专业术语叫"票币计算"，即票币计算就是对不同的面额、不同张数的票币组合，迅速计算出它们的合计金额。

1. 票币的券别

（1）"1"字类：100元、10元、1元、0.1元、0.01元。

（2）"5"字类：50元、5元、0.5元、0.05元。

（3）"2"字类：20元、2元、0.2元、0.02元。

2. 票币计算的技术要求

首先，它要求心算出各种钞票的张、把、捆数的金额，然后置在算盘上。心算和珠算都必须熟练、迅速、准确。

开始接触这项操作技术，心算反应慢，珠算定位不准是正常的，但是经过练习，摸索规律，就可熟而生巧。票币计算技术的关键在于心算的技巧。按人民币的券别结构，它有一定的规律可循，从100元券到一分币共有13种券别，它们分别由1、2、5三种数字组成。如：1字类有100元、10元、1元、1角、1分五种券别；2字类有20元、2元、2角、2分四种券别；5字类有50元、5元、5角、5分四种券别。其中1字类只需按面额张、把、捆数置于珠算上对位累加，无需换算；2字类则对其张、把、捆数做乘2或加倍换算，然后即可在算盘上对位累加；5字类可用除2换算，然后对位累加即可。

票币计算这项特殊的出纳技能在银行出纳各项业务工作中，特别是在手工操作的条件下，应用范围是十分广泛的。每一名银行出纳人员都应学会并熟练地掌握这门技术。

票币计算的要求：一是心算要准、快；二是算盘或计算器上定好位；三是累加动作要简洁、准确；四是记数要对照算盘或计算器上的数字记录，准确无误。

其具体技术要求如下。

（1）看数　《券别明细表》最好放在算盘或计算器下端，离珠算珠子或计算器越近越好，以利看数，严防将《券别明细表》放在算盘或计算器的左边，看数时头部左右摆动。

（2）拨珠或敲数　如果使用算盘，拨珠时右手四指、五指弯曲拿笔，一、二、三指呈鼎立状拨珠，不易带子。

如果使用计算器，击键时用手指尖对准键中心敲击。击键时动作要敏捷、果断，击键后手指要迅速弹起，并迅速回到基准键上。不动的手指应尽量不离开规定的各基准键。

（3）算数　分券别心算金额，在计算器上依次累加。

（4）记数　分节号、小数点严防漏写、点错，答案数字书写清楚。

二、票币计算试题的结构和操作步骤

在票币计算试卷中，每道题必含13种券别及各券别的张数。试题结构如下。

第1题

券别	张数
壹佰元	52
伍拾元	85
贰拾元	95
拾元	45
伍元	21
贰元	16
壹元	32
伍角	21
贰角	45
壹角	75
伍分	9
贰分	11
壹分	10
合计	

第2题

券别	张数
壹佰元	59
伍拾元	85
贰拾元	76
拾元	43
伍元	10
贰元	13
壹元	24
伍角	35
贰角	68
壹角	77
伍分	46
贰分	30
壹分	26
合计	

第3题

券别	张数
壹佰元	88
伍拾元	54
贰拾元	62
拾元	32
伍元	12
贰元	54
壹元	54
伍角	85
贰角	65
壹角	32
伍分	14
贰分	99
壹分	90
合计	

操作步骤：将各币别分别乘以其数量，然后进行累加，求出合计数。

如第一题合计＝100×52＋50×85＋20×95＋10×45＋5×21＋2×16＋1×32＋0.5×21＋0.2×45＋0.1×75＋0.05×9＋0.02×11＋0.01×10＝？

第一步：心算100×52＝5200，将5200输入计算器，屏幕显示为"5,200"。

第二步：心算50×85＝4250，将4250输入计算器，屏幕显示为"9,450"。

第三步：心算20×95＝1900，将1900输入计算器，屏幕显示为"11,350"。

第四步：心算10×45＝450，将450输入计算器，屏幕显示为"11,800"。

第五步：心算5×21＝105，将105输入计算器，屏幕显示为"11,905"。

第六步：心算2×16＝32，将32输入计算器，屏幕显示为"11,937"。

第七步：心算1×32＝32，将32输入计算器，屏幕显示为"11,969"。

第八步：心算0.5×21＝10.5，将10.5输入计算器，屏幕显示为"11,979.5"。

第九步：心算0.2×45＝9，将9输入计算器，屏幕显示为"11,988.5"。

第十步：心算0.1×75＝7.5，将7.5输入计算器，屏幕显示为"11,996"。

第十一步：心算0.05×9＝0.45，将0.45输入计算器，屏幕显示为"11,996.45"。

第十二步：心算0.02×11＝0.22，将0.22输入计算器，屏幕显示为"11,996.67"。

第十三步：心算0.01×10＝0.1，将0.1输入计算器，屏幕显示为"11,996.77"。

第十四步：书写合计"11,996.77"。

实训案例

一、用心算进行票币计算

用心算计算出各种币别乘以其数量的乘积，再将这些乘积输入计算器进行累加，求出合计数。

1. 乘5的心算技巧

此技巧即50元、5元、5角、5分票面的心算技巧。

（1）定位　具体技巧如下。

50元的张数超过20张（含20张），得数应定位在千元位；2张（含）至20张（不含）之间的应定位在百元。

5元的张数超过20张（含20张），得数应定位在百元位；2张（含）至20张（不含）之间的应定位在拾元。

5角的张数超过20张（含20张），得数应定位在十元位；2张（含）至20张（不含）之间的应定位在元。

5分的张数超过20张（含20张），得数应定位在元位；2张（含）至20张（不含）之间的应定位在角。

（2）心算方法　券别是5的应用张数除以2，得数的尾数应该是5或是0。

规律：5乘偶数，偶数逐位，尾数为偶，末位补0；

5乘奇数，奇数减一折半，尾数为奇，末位补5。

【例5-1】　十位、个位均为偶数的定位练习。

68×5＝？

【解析】　6折半为3；8折半为4；尾数为偶数，末位补0，答案为340。

试一试：　68×0.5＝？　　68×0.05＝？　　68×50＝？

【例5-2】 十位为偶数，个位为奇数的定位练习。

23×5＝？

2折半为1；3为奇数，3减1再折半为1；尾数为奇数，末位补5，答案为115。

【例5-3】 十位、个位均为奇数的定位练习。

57×5＝？

【解析】 5减1为4，4折半为2；5减去的1与次位7组成17，17减1为16，16再折半为8；尾数为奇数，末位补5，答案为285。

【例5-4】 十位为奇数，个位偶数为的定位练习

87×5＝？

【解析】 8折半为4；7减1再折半为3；尾数为奇数，末位补5，答案是435。

2. 乘2的心算技巧

此技巧即20元、2元、2角、2分票面的心算技巧。

（1）定位　具体技巧如下。

面值20元的钞票张数超过50张（含50张），得数应定位在千元位；5张（含）至50张（不含）之间的应定位在百元；5张（不含）以下的应定位在拾元。

面值2元的钞票张数超过50张（含50张），得数应定位在百元；5张（含）至50张（不含）之间的应定位在拾元；5张（不含）以下的应定位在元。

面值2角的钞票张数超过50张（含50张），得数应定位在拾元位；5张（含）至50张（不含）之间的应定位在元位。5张（不含）以下的应定位在角。

面值2分的钞票张数超过50张（含50张），得数应定位在元位。5张（含）至50张（不含）之间的应定位在角。5张（不含）以下的应定位在分。

（2）心算方法　券别是2的应用张数乘以2，得数的尾数应是双数或是零。

规律：2乘任何数，从高位算起，将该数的每一位数加倍，同时还要看下一位数，下一位数≥5，则提前进位。

【例5-5】 48×2＝？

【解析】 4加倍为8，看下一位8（≥5），所以前进一，所以得数应该是9；8加倍为16，十位已经提前进位了，所以只剩下个位数6，结果为96。

【例5-6】 72×20＝？

【解析】 7加倍为8，看下一位2（≤5），无需进位，2加倍为4，合起来为144，由于乘数为两位整数，所以末尾再补0，因此计算结果为1440。

【例5-7】 26×0.02＝？

【解析】 2加倍为4，看下一位6（≥5），所以前进一，所以得数应该是5；6加倍为12，十位已经提前进位了，所以只剩下个位数2，合起来为52；由于乘数为两位小数，所以应将小数点向前移两位，计算结果为0.52。

3. 乘以1的心算技巧

此技巧即100元、10元、1元、1角、1分票面的心算技巧。

（1）定位　具体技巧如下。

面值100元的钞票张数超过10张（含10张），得数应定位在千元位；10张（不含）以下的应定位在百元。

面值10元的钞票张数超过10张（含10张），得数应定位在百元；10张（不含）以

下的应定位在拾元。

面值1元的钞票张数超过10张（含10张），得数应定位在拾元位；10张（不含）应定位在元。

面值1角的钞票张数超过10张（含10张），得数应定位在元位；10张（不含）以下的应定位在角。

面值1分的钞票张数超过10张（含10张），得数应定位在角位。10张（不含）以下的应定位在分。

（2）心算方法　面额乘以张数。

规律：1乘任何数等于该数本身，但要注意小数点的定位。例如：0.1乘一个两位数时，先用1乘两位数，然后将计算结果的小数点（从个位末）向前移动一位即可。

例如：$0.1 \times 15 = 1.5$。

第一步：计算$1 \times 15 = 15$。

第二步：定位小数点，将计算结果的小数点向前移动一位，答案为1.5。

二、利用计算器上的［M+］、［MR］、［MC］、［GT］等功能键计算币值

1. 功能键使用说明

（1）单击［MR］可将存储区中的数调出到显示栏中，储存区中数值不变，现在按一下"全部清空"按钮，清楚显示栏中的数据，再单击［MR］钮，刚才储存的数据就有显示出来了。

（2）单击［M+］将当前显示的数与存储区中的数相加，结果存入存储器。单击［M+］，再单击［MR］，可以看到正确的答案数值已经显示出来了。

（3）单击［MC］用于清除存储区中的数值。这时我们单击［MC］，小灰框中的M标记没有了，再单击［MR］，显示栏中还是0，刚才的结果不再出现，原因就是MC操作将它清除了。

（4）单击［GT］显示总数之和，按了等号后得到的全部数字被累计，再按一次就清空。

2. 计算方法

（1）用［M+］键的方法　利用计算器上的功能键计算票币币值，每个单项算完了就按［M+］，最后MR看总和。例如：100元52张；50元85张；20元95张；10元45张；5元21张；2元16张；1元32张；5角21张；2角45张；1角75张；5分9张；2分11张；1分10张。

计算过程：$52 \times 100M + 85 \times 50M + 95 \times 20M + 45 \times 10M + 21 \times 5M + 16 \times 2M + 32 \times 1M + 21 \times 0.5M + 45 \times 0.2M + 75 \times 0.1M + 9 \times 0.05M + 11 \times 0.02M + 10 \times 0.01M +$，然后再单击［MR］，得出总和。计算时注意事项：单项计算完单击［M+］，［M+］是记忆键，每按一次记忆一次；计算到最后一项时单击［M+］键后再按［MR］键，否则最后一项的数值没有被记忆。

（2）用［GT］键的方法　具体步骤如下。

第一步：计算$52 \times 100 = 85 \times 50 = 95 \times 20 = 45 \times 10 = 21 \times 5 = 16 \times 2 = 32 \times 1 = 21 \times 0.5 = 45 \times 0.2 = 75 \times 0.1 = 9 \times 0.05 = 11 \times 0.02 = 10 \times 0.01$。

第二步：按［GT］键，求出合计数。

活动练习

第 1 题

券别	张数
壹佰元	52
伍拾元	85
贰拾元	95
拾元	45
伍元	21
壹元	32
伍角	21
壹角	75
合计	

第 2 题

券别	张数
壹佰元	59
伍拾元	85
贰拾元	76
拾元	43
伍元	10
壹元	24
伍角	35
壹角	77
合计	

第 3 题

券别	张数
壹佰元	88
伍拾元	54
贰拾元	62
拾元	32
伍元	12
壹元	54
伍角	85
壹角	32
合计	

第 4 题

券别	张数
壹佰元	66
伍拾元	27
贰拾元	60
拾元	50
伍元	20
壹元	38
伍角	29
壹角	96
合计	

第 5 题

券别	张数
壹佰元	73
伍拾元	66
贰拾元	48
拾元	52
伍元	54
壹元	68
伍角	95
壹角	80
合计	

第 6 题

券别	张数
壹佰元	15
伍拾元	62
贰拾元	25
拾元	85
伍元	34
壹元	75
伍角	65
壹角	21
合计	

第 7 题

券别	张数
壹佰元	52
伍拾元	65
贰拾元	34
拾元	94
伍元	85
壹元	31
伍角	20
壹角	30
合计	

第 8 题

券别	张数
壹佰元	89
伍拾元	56
贰拾元	23
拾元	14
伍元	45
壹元	17
伍角	18
壹角	85
合计	

第 9 题

券别	张数
壹佰元	14
伍拾元	15
贰拾元	19
拾元	84
伍元	86
壹元	29
伍角	38
壹角	68
合计	

项目五 票币兑换与计算

第 10 题

券别	张数
壹佰元	50
伍拾元	22
贰拾元	23
拾元	54
伍元	65
壹元	54
伍角	87
壹角	54
合计	

第 11 题

券别	张数
壹佰元	67
伍拾元	95
贰拾元	34
拾元	32
伍元	51
壹元	95
伍角	68
壹角	95
合计	

第 12 题

券别	张数
壹佰元	99
伍拾元	87
贰拾元	56
拾元	74
伍元	85
壹元	81
伍角	82
壹角	95
合计	

第 13 题

券别	张数
壹佰元	49
伍拾元	58
贰拾元	75
拾元	86
伍元	81
壹元	43
伍角	29
壹角	21
合计	

第 14 题

券别	张数
壹佰元	35
伍拾元	46
贰拾元	79
拾元	39
伍元	80
壹元	64
伍角	37
壹角	75
合计	

第 15 题

券别	张数
壹佰元	69
伍拾元	30
贰拾元	63
拾元	23
伍元	64
壹元	48
伍角	18
壹角	33
合计	

第 16 题

券别	张数
壹佰元	89
伍拾元	49
贰拾元	76
拾元	52
伍元	21
壹元	61
伍角	95
壹角	68
合计	

第 17 题

券别	张数
壹佰元	28
伍拾元	29
贰拾元	26
拾元	24
伍元	36
壹元	58
伍角	96
壹角	34
合计	

第 18 题

券别	张数
壹佰元	51
伍拾元	54
贰拾元	61
拾元	63
伍元	67
壹元	95
伍角	26
壹角	5
合计	

第19题

券别	张数
壹佰元	24
伍拾元	45
贰拾元	79
拾元	58
伍元	46
壹元	78
伍角	89
壹角	57
合计	

第20题

券别	张数
壹佰元	43
伍拾元	91
贰拾元	82
拾元	57
伍元	85
壹元	48
伍角	91
壹角	71
合计	

第21题

券别	张数
壹佰元	68
伍拾元	12
贰拾元	34
拾元	38
伍元	25
壹元	92
伍角	56
壹角	34
合计	

第22题

券别	张数
壹佰元	42
伍拾元	25
贰拾元	91
拾元	58
伍元	93
壹元	94
伍角	62
壹角	26
合计	

第23题

券别	张数
壹佰元	51
伍拾元	72
贰拾元	29
拾元	95
伍元	64
壹元	13
伍角	28
壹角	75
合计	

第24题

券别	张数
壹佰元	56
伍拾元	28
贰拾元	54
拾元	78
伍元	51
壹元	89
伍角	37
壹角	15
合计	

第25题

券别	张数
壹佰元	25
伍拾元	79
贰拾元	58
拾元	63
伍元	94
壹元	17
伍角	46
壹角	52
合计	

第26题

券别	张数
壹佰元	64
伍拾元	74
贰拾元	18
拾元	46
伍元	75
壹元	58
伍角	97
壹角	28
合计	

第27题

券别	张数
壹佰元	57
伍拾元	62
贰拾元	27
拾元	61
伍元	96
壹元	52
伍角	83
壹角	84
合计	

项目五 票币兑换与计算

第28题

券别	张数
壹佰元	68
伍拾元	30
贰拾元	26
拾元	21
伍元	61
壹元	52
伍角	35
壹角	56
合计	

第29题

券别	张数
壹佰元	43
伍拾元	35
贰拾元	71
拾元	39
伍元	23
壹元	84
伍角	14
壹角	86
合计	

第30题

券别	张数
壹佰元	84
伍拾元	20
贰拾元	81
拾元	47
伍元	27
壹元	74
伍角	52
壹角	91
合计	

第31题

券别	张数
壹佰元	84
伍拾元	78
贰拾元	21
拾元	53
伍元	14
壹元	25
伍角	41
壹角	12
合计	

第32题

券别	张数
壹佰元	62
伍拾元	74
贰拾元	93
拾元	75
伍元	41
壹元	82
伍角	38
壹角	41
合计	

第33题

券别	张数
壹佰元	58
伍拾元	67
贰拾元	82
拾元	90
伍元	18
壹元	42
伍角	57
壹角	39
合计	

第34题

券别	张数
壹佰元	86
伍拾元	31
贰拾元	56
拾元	32
伍元	19
壹元	24
伍角	80
壹角	19
合计	

第35题

券别	张数
壹佰元	71
伍拾元	63
贰拾元	76
拾元	20
伍元	84
壹元	60
伍角	13
壹角	19
合计	

第36题

券别	张数
壹佰元	56
伍拾元	23
贰拾元	61
拾元	95
伍元	84
壹元	41
伍角	76
壹角	78
合计	

125

第 37 题

券别	张数
壹佰元	24
伍拾元	45
贰拾元	79
拾元	19
伍元	46
壹元	78
伍角	89
壹角	51
合计	

第 38 题

券别	张数
壹佰元	43
伍拾元	91
贰拾元	82
拾元	47
伍元	85
壹元	37
伍角	19
壹角	71
合计	

第 39 题

券别	张数
壹佰元	68
伍拾元	12
贰拾元	34
拾元	38
伍元	25
壹元	92
伍角	56
壹角	34
合计	

第 40 题

券别	张数
壹佰元	34
伍拾元	62
贰拾元	27
拾元	41
伍元	96
壹元	52
伍角	83
壹角	84
合计	

第 41 题

券别	张数
壹佰元	84
伍拾元	78
贰拾元	21
拾元	58
伍元	14
壹元	25
伍角	41
壹角	12
合计	

第 42 题

券别	张数
壹佰元	24
伍拾元	74
贰拾元	53
拾元	75
伍元	41
壹元	82
伍角	13
壹角	41
合计	

第 43 题

券别	张数
壹佰元	52
伍拾元	85
贰拾元	95
拾元	45
伍元	21
壹元	32
伍角	63
壹角	75
合计	

第 44 题

券别	张数
壹佰元	52
伍拾元	85
贰拾元	76
拾元	43
伍元	10
壹元	24
伍角	35
壹角	77
合计	

第 45 题

券别	张数
壹佰元	79
伍拾元	47
贰拾元	62
拾元	32
伍元	12
壹元	54
伍角	85
壹角	95
合计	

项目五　票币兑换与计算

第 46 题

券别	张数
壹佰元	42
伍拾元	35
贰拾元	91
拾元	58
伍元	93
壹元	94
伍角	42
壹角	57
合计	

第 47 题

券别	张数
壹佰元	51
伍拾元	72
贰拾元	29
拾元	95
伍元	64
壹元	13
伍角	28
壹角	42
合计	

第 48 题

券别	张数
壹佰元	56
伍拾元	28
贰拾元	54
拾元	78
伍元	51
壹元	89
伍角	37
壹角	15
合计	

第 49 题

券别	张数
壹佰元	45
伍拾元	27
贰拾元	81
拾元	47
伍元	39
壹元	74
伍角	52
壹角	91
合计	

第 50 题

券别	张数
壹佰元	86
伍拾元	33
贰拾元	56
拾元	22
伍元	19
壹元	24
伍角	71
壹角	19
合计	

第 51 题

券别	张数
壹佰元	49
伍拾元	75
贰拾元	67
拾元	20
伍元	84
壹元	37
伍角	13
壹角	16
合计	

第 52 题

券别	张数
壹佰元	31
伍拾元	15
贰拾元	27
拾元	84
伍元	86
壹元	49
伍角	38
壹角	82
合计	

第 53 题

券别	张数
壹佰元	49
伍拾元	36
贰拾元	83
拾元	96
伍元	71
壹元	53
伍角	29
壹角	21
合计	

第 54 题

券别	张数
壹佰元	52
伍拾元	46
贰拾元	79
拾元	23
伍元	83
壹元	64
伍角	37
壹角	75
合计	

第 55 题

券别	张数
壹佰元	66
伍拾元	27
贰拾元	63
拾元	57
伍元	92
壹元	38
伍角	15
壹角	42
合计	

第 56 题

券别	张数
壹佰元	93
伍拾元	76
贰拾元	48
拾元	52
伍元	54
壹元	32
伍角	95
壹角	25
合计	

第 57 题

券别	张数
壹佰元	15
伍拾元	62
贰拾元	25
拾元	85
伍元	34
壹元	75
伍角	45
壹角	54
合计	

第 58 题

券别	张数
壹佰元	53
伍拾元	87
贰拾元	28
拾元	45
伍元	85
壹元	35
伍角	82
壹角	11
合计	

第 59 题

券别	张数
壹佰元	89
伍拾元	49
贰拾元	76
拾元	52
伍元	21
壹元	22
伍角	95
壹角	68
合计	

第 60 题

券别	张数
壹佰元	28
伍拾元	44
贰拾元	76
拾元	24
伍元	16
壹元	58
伍角	96
壹角	34
合计	

第 61 题

券别	张数
壹佰元	52
伍拾元	21
贰拾元	63
拾元	17
伍元	37
壹元	87
伍角	98
壹角	48
合计	

第 62 题

券别	张数
壹佰元	95
伍拾元	85
贰拾元	76
拾元	52
伍元	19
壹元	68
伍角	27
壹角	52
合计	

第 63 题

券别	张数
壹佰元	38
伍拾元	29
贰拾元	95
拾元	95
伍元	86
壹元	31
伍角	16
壹角	32
合计	

项目五　票币兑换与计算

第64题

券别	张数
壹佰元	59
伍拾元	86
贰拾元	72
拾元	49
伍元	29
壹元	30
伍角	54
壹角	64
合计	

第65题

券别	张数
壹佰元	17
伍拾元	21
贰拾元	45
拾元	96
伍元	58
壹元	24
伍角	73
壹角	29
合计	

第66题

券别	张数
壹佰元	78
伍拾元	35
贰拾元	96
拾元	54
伍元	32
壹元	87
伍角	18
壹角	59
合计	

第67题

券别	张数
壹佰元	78
伍拾元	95
贰拾元	5
拾元	34
伍元	43
壹元	60
伍角	16
壹角	58
合计	

第68题

券别	张数
壹佰元	89
伍拾元	56
贰拾元	49
拾元	32
伍元	48
壹元	89
伍角	54
壹角	99
合计	

第69题

券别	张数
壹佰元	59
伍拾元	64
贰拾元	4
拾元	60
伍元	21
壹元	67
伍角	49
壹角	35
合计	

第70题

券别	张数
壹佰元	98
伍拾元	49
贰拾元	56
拾元	23
伍元	15
壹元	45
伍角	87
壹角	34
合计	

第71题

券别	张数
壹佰元	55
伍拾元	26
贰拾元	93
拾元	53
伍元	46
壹元	54
伍角	21
壹角	12
合计	

第72题

券别	张数
壹佰元	46
伍拾元	77
贰拾元	47
拾元	36
伍元	27
壹元	93
伍角	20
壹角	23
合计	

第 73 题

券别	张数
壹佰元	21
伍拾元	35
贰拾元	69
拾元	75
伍元	45
壹元	85
伍角	51
壹角	98
合计	

第 74 题

券别	张数
壹佰元	56
伍拾元	59
贰拾元	31
拾元	46
伍元	45
壹元	33
伍角	29
壹角	19
合计	

第 75 题

券别	张数
壹佰元	38
伍拾元	29
贰拾元	95
拾元	47
伍元	86
壹元	26
伍角	76
壹角	15
合计	

第 76 题

券别	张数
壹佰元	46
伍拾元	16
贰拾元	49
拾元	89
伍元	50
壹元	74
伍角	93
壹角	85
合计	

第 77 题

券别	张数
壹佰元	75
伍拾元	95
贰拾元	58
拾元	49
伍元	33
壹元	24
伍角	25
壹角	13
合计	

第 78 题

券别	张数
壹佰元	69
伍拾元	31
贰拾元	63
拾元	25
伍元	46
壹元	43
伍角	21
壹角	68
合计	

第 79 题

券别	张数
壹佰元	69
伍拾元	38
贰拾元	46
拾元	15
伍元	55
壹元	18
伍角	27
壹角	33
合计	

第 80 题

券别	张数
壹佰元	58
伍拾元	25
贰拾元	47
拾元	37
伍元	15
壹元	91
伍角	54
壹角	46
合计	

第 81 题

券别	张数
壹佰元	43
伍拾元	91
贰拾元	28
拾元	83
伍元	37
壹元	73
伍角	36
壹角	52
合计	

项目五 票币兑换与计算

第 82 题

券别	张数
壹佰元	58
伍拾元	66
贰拾元	18
拾元	59
伍元	61
壹元	13
伍角	27
壹角	91
合计	

第 83 题

券别	张数
壹佰元	39
伍拾元	54
贰拾元	86
拾元	57
伍元	91
壹元	35
伍角	19
壹角	68
合计	

第 84 题

券别	张数
壹佰元	29
伍拾元	23
贰拾元	15
拾元	55
伍元	58
壹元	83
伍角	48
壹角	19
合计	

第 85 题

券别	张数
壹佰元	43
伍拾元	36
贰拾元	19
拾元	79
伍元	92
壹元	34
伍角	58
壹角	46
合计	

第 86 题

券别	张数
壹佰元	96
伍拾元	25
贰拾元	59
拾元	19
伍元	37
壹元	34
伍角	59
壹角	25
合计	

第 87 题

券别	张数
壹佰元	93
伍拾元	95
贰拾元	65
拾元	25
伍元	78
壹元	31
伍角	28
壹角	34
合计	

第 88 题

券别	张数
壹佰元	25
伍拾元	73
贰拾元	28
拾元	16
伍元	66
壹元	64
伍角	27
壹角	25
合计	

第 89 题

券别	张数
壹佰元	93
伍拾元	46
贰拾元	36
拾元	62
伍元	49
壹元	12
伍角	19
壹角	65
合计	

第 90 题

券别	张数
壹佰元	74
伍拾元	55
贰拾元	52
拾元	65
伍元	28
壹元	83
伍角	44
壹角	36
合计	

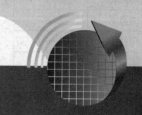

项目六
利息计算

学习目标

◇ 熟悉各种计息方法，掌握利息计算的基本公式。
◇ 能够准确、快速、熟练地对各种存、贷款利息计算问题加以区别，选择适合的计息方法。
◇ 熟悉银行关于利息计算的相关规定。

技能目标

◇ 针对具体的计息问题，能够熟练区别使用不同计息方法，并能使用计算器快速计算出各种存、贷款利息。
◇ 能解答客户对于利息计算的相关疑难问题。

学习任务一
利息计算的基本常识

学生的任务

◇ 要求学生掌握利息计算的相关规定。
◇ 要求学生掌握利息计算的几种方法。

教师的任务

◇ 讲解利息计算的主要知识点。
◇ 指导学生用不同方法进行利息计算。
◇ 指导学生完成活动练习。

 教学活动　存贷款计息的基础知识

活动目标

掌握利息计算的基本公式及应用。

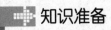

一、存、贷款利息计算的基本公式及要素

$$本金 \times 时期 \times 利率 = 利息$$

或，
$$累计计息积数 \times 日利率 = 利息$$
$$计息积数 = 本金 \times 时期$$

无论采取哪种形式、哪种方法计息，都是对上述公式的具体化运用。

1. 本金

本金是贷给他人或存入银行用来孳生利息的原本金额。对于存款来说，就是存款的金额。对于贷款来说，如为逐笔核贷、利随本清的贷款，"本金"就是该次归还的额度；如为定期计息的贷款，"本金"即贷款余额。

不论存款还是贷款，其计息的起点均以元为单位，元以下角分不计利息。利息金额算至分位，分以下尾数四舍五入。除活期储蓄在年度结息时并入本金外，各种储蓄存款不论存期多长，一律不计复息。

2. 时期

时期是指存款的实际时间或贷款的使用时间。时期计算采取算头不算尾的基本方法，即存款存入日起息，支取日止息；贷款发放日起息，归还日止息。例如：某笔贷款5号发放，10号即归还，计息时间为5、6、7、8、9号五天，10号归还日不应算入。

各种储蓄存款（活期除外）均按对年、对月、对日计算；不论大月、小月、平月、闰月一律按30天，一年按360天计算。到期日为该月所没有的，以月底为到期日，不另计利息。

【例6-1】 5月31日存入定期半年，到期日应为11月30日；8月31、30、29日存入的定期半年，到期日都是2月28日（闰月为29日）。

【例6-2】 2月29日（系月底日）存入定期半年，则应以同年8月29日为到期日。

定期储蓄存款的到期日如遇节假日（系统统一维护），客户于节假日的前一天办理支取，则视同到期日按实际存期计算利息；其操作程序视同提前支取办理。

在具体计算计息时间时，要不要考虑大月31天、小月30天、平月28天等，在不同的计息方法中，有不同的规定和要求。

3. 利率

利率为一定时期内利息额同存入或贷出本金的比率。是衡量利息水平高低的指标。其计算公式为：

$$利率 = 利息额 / 本金$$

利率由国家统一规定，按挂牌公告日利率，各种存款根据各自的计算规则计算利息；对定期存款和各项贷款、贴现，按原定利率并参照有关规定计息；对活期存款，应以结息日银行挂牌公告的利率计息。活期储蓄存款每季末的20日结息一次，税后利息转入本金；单位活期存款每季末的20日结息一次，利息转入客户指定的结算账户；活期存款不论何时存入，如遇利率调整均不分段计算利息。现行银行存贷款利率见表6-1、表6-2。

利率按计息期长短有年利率、月利率和日利率之分。在计息时，应注意时间单位与利率单位相吻合。如计息时间为"天数"，利率应使用"日利率"；计息时间为"月数"，利率应使用"月利率"；计息时间为"年数"，利率则使用"年利率"。年利率（‰）、月利率

(‰)、日利率（‰）三种利率之间的换算为：

年利率＝月利率×12＝日利率×360

月利率＝年利率÷12＝日利率×30

日利率＝月利率÷30＝年利率÷360

表 6-1　　　　　　　　　　　　　　　　　　日期：2014-11-22

项　　目	年利率/%
一、城乡居民及单位存款	
（一）活期	0.35
（二）定期	
1. 整存整取	
三个月	2.60
半年	2.80
一年	3.00
二年	3.50
三年	4.00
五年	4.25
2. 零存整取、整存零取、存本取息	
一年	2.60
三年	2.80
五年	2.90
3. 定活两便	按一年以内定期整存整取同档次利率打六折执行
二、协定存款	1.15
三、通知存款	
一天	0.80
七天	1.35

表 6-2　　　　　　　　　　　　　　　　　　日期：2014-11-22

种类项目	年利率/%
一、短期贷款	
一年以内（含一年）	5.60
二、中长期贷款	
一年至五年（含五年）	6.00
五年以上	6.15
三、个人住房公积金贷款	
五年以下（含五年）	3.75
五年以上	4.25

二、银行主要计息方法的应用范围

银行主要采用积数计息法和逐笔计息法计算利息。积数计息法便于对计息期间账户余额可能会发生变化的储蓄存款计算利息。因此，银行主要对活期性质的账户采取积数计息法计算利息，例如活期存款、通知存款等。而对于定期性质的存款，例如整存整取储蓄存款、单位定期存款等银行一般采用逐笔计息法计算利息。

学习任务二
积数计息法

学生的任务

◇ 要求学生掌握积数计息法的含义。
◇ 要求学生掌握积数计息法的基本公式。
◇ 要求学生掌握积数计息法的计算过程。

教师的任务

◇ 讲解诠释积数计息法的含义。
◇ 指导学生进行积数计息法的计算。
◇ 指导学生完成活动练习。

教学活动　积数计息法

活动目标

掌握积数计息的方法。

知识准备

一、积数计息法的含义

积数计息法就是按实际天数每日累计账户余额,以累计积数乘以日利率计算利息的方法。

二、基本公式

应按实际天数每日累计账户余额,以累计积数乘以日利率计算利息。计算公式为:

利息＝累计计息积数×日利率

累计计息积数＝每日余额合计数

三、分类

积数计息法在具体计息时又分为余额表计息法和账页计息法。

1. 余额表计息法

余额表是核对总账与分户账余额和计算利息的重要工具,是明细核算的重要组成部分。余额表包括计息余额表和一般余额表两种。

计息余额表适用于计息科目,一般单位的存、贷款业务凡用甲种账户记载的,均可使用计息余额表计息。一般余额表不适用于计息科目。

【例 6-3】　模拟银行辽金支行开户单位宝丽电子有限公司截至上月底(2012 年 5 月 31 日)累计未计息积数为 856,024,170.00 元,其活期存款账户余额变动情况如下:6 月 1 日 80,000.00 元、6 月 4 日 70,000.00 元、6 月 5 日 90,000.00 元、6 月 6 日 50,000.00 元、6 月 7 日 120,000.00 元、6 月 8 日 270,000.00 元、6 月 11 日 352,800.00 元、6 月 13 日

237,600.00元、6月15日154,500.00元、6月19日58,600.00元。根据资料填制计息余额表并于6月20日营业终了计算利息。如表6-3所示。公式为：

累计应计息积数＝上月接转积数＋本月应计息积数
$$=856,024,170.00+3,296,000.00=859,320,170.00（元）$$
$$利息金额=859,320,170.00×0.5\%÷360$$
$$=11,935.00（元）$$

表6-3

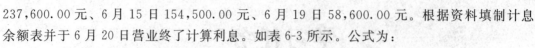

2012年6月 余额表

2. 账页计息法

账页计息是根据在客户账页上存款户发生变动时，按上次最后余额乘以该余额的实存天数，即为积数，待结息日计算出积数合计，以积数乘以利率，即得出应付利息数。

【例 6-4】 某储户活期储蓄存款账户变动情况如表 6-4（单位：人民币元），银行计算该储户活期存款账户利息时，按实际天数累计计息积数，按适用的活期储蓄存款利率计付利息。

表 6-4

日期	存入/元	支取/元	余额/元	计息期	天数/天	计息积数/元
2014 年 1 月 2 日	10,000		10,000	2014 年 1 月 2 日～2014 年 2 月 2 日	32	32×10,000＝320,000
2014 年 2 月 3 日		3,000	7,000	2014 年 2 月 3 日～2014 年 3 月 10 日	36	36×7,000＝252,000
2014 年 3 月 11 日	5,000		12,000	2014 年 3 月 11 日～2014 年 3 月 20 日	10	10×12,000＝120,000
2014 年 3 月 20 日			12,000			

银行每季末月 20 日结息，2014 年 3 月 20 日适用的活期存款利率为 0.35％。因此，到 2014 年 3 月 20 日营业终了，银行计算该活期存款的利息为：

$$利息＝累计计息积数 \times 日利率$$
$$＝(320,000＋252,000＋120,000) \times 0.35\%/360$$
$$＝6.73 元$$

实训案例

单位活期存款利息的计算。

1. 计息范围

凡独立核算的企业单位流动资金存款以及机关、团体、部队、学校等事业单位的预算外资金存款均应计付利息，各单位存入的党费、团费、工会经费存款也一律计付利息。但商业银行吸收的财政性存款、应解汇款不计付利息。

2. 计息时间

单位活期存款采取按日计息、按季结息的办法，其结息日为每季度末月的 20 日，季度末月的 21 日办理利息的转账手续。结息期是从上季度末月 21 日开始，至本季度末月 20 日（含）止。如在结息期前销户，应于销户时计付利息。

3. 计息方法

积数法。单位活期存款由于存取次数频繁、存款余额经常变动，其利息可采用积数法计算，即计息天数按照实际天数计算。公式为：

$$利息＝本金 \times 天数 \times 利率＝存款计息积数 \times 利率$$

计算积数时有两种工具可选择：一是计息余额表，二是乙种分户账。

（1）余额表计息 若采用余额表计息的，应分别科目将各计息分户账的余额逐日逐户抄列在余额表内，如遇节假日或当天未发生业务的，应按上日余额抄列。按月加计余额表未计息累计积数。如遇错账或补记账款时记账日期与起息日期不一致时，还应在余额表

"应加积数"或"应减积数"项目中进行调整,并加总本季的累计未计息积数后,乘以日利率即为应付存款单位的利息额。

【例 6-5】 某银行 9 月份计息余额表中的甲单位活期存款余额情况如表 6-5 所示。甲单位活期存款至上月底未计息(即 6 月 21 日～8 月 31 日的未计息)积数为 6,000,000,9 月 1～20 日的计息积数为 1,800,000,本季度应加积数为 20,000,应减积数为 10,000,所以第三季度的计息积数(即上期结息日至 9 月 20 日止的累计应计息积数)为 7,810,000(6,000,000+1,800,000+20,000-10,000)。则第三季度 A 单位活期存款的应计利息为:

$$7,810,000 \times 0.35\% \div 360 = 75.93(元)$$

表中"至本月底累计未计息积数"=3,152,000-1,800,000=1,352,000(元)

表 6-5 ××银行计息余额表
20××年 9 月份

科目名称: 活期存款 0.35% 共 页第 页 单位:元

日期\账户	甲单位 221010		合计
1	90,000.00		
2	100,000.00		
3	116,000.00		
4	100,000.00		
5	90,000.00		
6	84,000.00		
7	86,000.00		
8	125,000.00		
9	175,000.00		
10	160,000.00		
10 天小计	1,126,000.00		
…	…		
20 天小计	1,800,000.00		
…	…		
本月合计	3,152,000.00		
至上月底未计息积数	6,000,000.00		
应加积数	20,000.00		
应减积数	10,000.00		
至结息日累计应计息积数	7,810,000.00		
至本月底累计未计息积数	1,352,000.00		
结息日计算利息数	75.93		

(2) 账页计息 账页计息是在单位存款户发生变动时,按上次最后余额乘以该余额的实存天数,即为积数,并分别把日数与积数记入账页上的"日数"和"积数"栏内。如更换账页,应将累计积数过入新账页第一行内,待结息日营业终了,再计算出全季的应计天数和积数合计,以积数乘以利率,即得出应付利息数。

【例 6-6】 某银行分户账中乙单位活期存款余额情况如表 6-6 所示。至结息日的累计计息积数为 435,000(16,000+60,000+37,500+299,000+22,500)。则第二季度的利息为:

$$435,000 \times 0.35\% \div 360 = 4.23(元)$$

项目六 利息计算

表6-6

户名：乙单位　　账号：　　　　　　　　利率：0.35‰　　　　　　　　单位：元

2015年		摘要	借方	贷方	借或贷	余额	日数	积数
月	日							
3	21	结息		25.00	贷	2,000.00	8	16,000.00
3	29	转收		1,000.00	贷	3,000.00	20	60,000.00
4	18	提现	500.00		贷	2,500.00	15	37,500.00
5	3	委托收款		4,000.00	贷	6,500.00	46	299,000.00
6	18	信汇汇入		1,000.00	贷	7,500.00	3	22,500.00
6	21			4.23		7,504.23		435,000.00

活动练习

某储户的账户变动情况如下表所示，请计算6月20日的应付利息。

利率：0.0825‰　　单位：元

日　　期	支　　取	存　　入	余　　额
2014年4月25日		10,000.00	10,000.00
2014年5月10日	5,000.00		5,000.00
2014年5月30日		2,000.00	7,000.00
2014年5月31日	3,000.00		4,000.00
2014年6月10日		10,000.00	14,000.00
2014年6月20日	14,000.00		0.00

学习任务三
逐笔计息法

学生的任务

◇ 要求学生掌握逐笔计息法的含义。
◇ 要求学生掌握逐笔计息的方法。

教师的任务

◇ 讲解逐笔计息法的主要知识点。
◇ 指导学生进行逐笔计息方法的计算。
◇ 指导学生完成活动练习。

教学活动　逐笔计息法

活动目标

掌握逐笔计息的基本方法。

知识准备

一、逐笔计息法的含义

逐笔计息法是按预先确定的计息公式逐笔计算利息的方法。

二、基本公式

采用逐笔计息法时，银行在不同情况下可选择不同的计息公式。具体公式如下。

（1）计息期为整年（月）时，计息公式为：

利息＝本金×年（月）数×年（月）利率

（2）计息期有整年（月）又有零头天数时，计息公式为：

利息＝本金×年（月）数×年（月）利率＋本金×零头天数×日利率

（3）计息期全部化成天数的计算公式为：

利息＝本金×实际天数×日利率

其中实际天数按照"算头不算尾"原则确定，为计息期间经历的天数减去一。逐笔计息法便于对计息期间账户余额不变的储蓄存款计算利息，因此，银行主要对定期存款账户采取逐笔计息法计算利息。

三、利息计算

【例6-7】某客户2014年3月1日存款10,000元，定期整存整取六个月，当时六个月定期整整储蓄存款的年利率为2.43％。①若客户在到期日（即9月1日）支取，利息是多少？②若客户于9月9日过期支取，利息是多少？（9月9日活期存款年利率0.35％）

【解析】① 这笔存款计息为6个月，属于计息期为整年（月）的情况，银行可选择"利息＝本金×年(月)数×年(月)利率"的计息公式。

利息＝10,000×6×(2.43％÷12)＝121.50(元)

② 客户过期支取，存期既有整月，又有零头天数，计算是依据公式：

利息＝本金×年（月）数×年（月）利率＋本金×零头天数×日利率

需要注意的是超期部分应采用支取日挂牌公布的活期存款利率计息。

利息＝10,000×6×(2.43％÷12)＋10,000×8×(0.35％÷360)＝122.28(元)

实训案例

单位定期存款利息的计算。

1. 计息方法

计息的方法为逐笔计息法。商业银行对单位定期存款通常采取逐笔计息的方法计算利息，即计息时按照对年对月对日方法计算存期，对年按360天/年，对月按30天/月，零头天数（不足一个月）按实际天数计算。

2. 单位定期存款方式

按支取时间的不同，单位定期存款可分为如下几种。

（1）到期支取　按存入日挂牌公告的定期利率计息，遇有利率调整不分段计息。到期日为节假日，可在节假日前一天支取。节假日后支取，按过期支取办法办理。

（2）提前支取　提前支取部分则按支取日挂牌公告的活期存款利率计付利息。

（3）逾期支取　逾期支取部分按支取日挂牌公告的活期存款利率计付利息。

【例 6-8】　某单位存入银行定期存款 500,000 元，定期一年，利率为 2.25％，7 月 10 日到期，该单位于 8 月 5 日来行支取，支取日活期存款利率为 0.72％，其利息计算过程如下。

【解析】　到期利息＝500,000×1×2.25％＝11,250（元）
　　　　　　过期利息＝500,000×26 天×0.72％÷360＝260（元）

利息合计为 11,510 元。

活动练习

1. 2014 年 5 月 21 日，储户张亮的一笔半年期整存整取定期储蓄存款到期，金额 20,000 元，该储户当天来行办理支取手续。假设该储户存入时半年期整存整取定期储蓄存款年利率为 3.05％。试计算其利息。

2. 某银行 7 月 10 日收到文昌印刷厂交来的定期存单一份要求支取，起存日期为上年 3 月 15 日，金额为 10,000 元，存期一年，存入是一年期定期存款利率为 3.25％，支取日挂牌活期利率为 0.35％。要求计算应付利息。

学习任务四
零存整取利息计算

学生的任务

◇ 要求学生掌握零存整取利息计算的相关公式。
◇ 要求学生掌握零存整取利息计算的多种方法。

教师的任务

◇ 讲解零存整取利息计算的主要知识点。
◇ 指导学生进行零存整取利息计算。
◇ 指导学生完成活动练习。

教学活动　零存整取存款的计息

活动目标

掌握零存整取利息的计算方法。

知识准备

一、零存整取储蓄存款

零存整取，是指储户在进行银行存款时约定存期、每月固定存款、到期一次支取本息的一种储蓄方式。零存整取一般每月5元起存，每月存入一次，中途如有漏存，应在次月补齐，存期一般分1年期、3年期和5年期；零存整取计息按实存金额和实际存期计算，具体利率标准按利率表执行；零存整取开户手续与活期储蓄相同，只是每月要按开户时的金额进行续存，储户提前支取时的手续比照整存整取定期储蓄存款有关手续办理。零存整取利率一般为同期定期存款利率的60%。

零存整取是银行定期储蓄的一种基本类型，所谓定期储蓄即为储户在存款时约定存期，一次或按期分次存入本金，整笔或分期、分次支取本金或利息的一种储蓄方式。

二、利息计算

1. 日积数计息法

零存整取定期储蓄存款利息计算一般采用日积数计息法，其计算公式如下。

(1) 应付利息＝累计日积数×利率(日)

(2) 利息税＝应付利息×税率

(3) 实付利息＝应付利息－利息税

2. 固定基数计息法

固定基数计息法适用于储户每月存入固定本金，中途不漏存，并到期支取的零存整取定期储蓄利息计算，其计算公式如下。

(1) 应付利息＝每月固定存款额×固定基数×利率(月)

$$1年期固定基数＝12×(12+1)÷2＝78$$
$$3年期固定基数＝36×(36+1)÷2＝666$$
$$5年期固定基数＝60×(60+1)÷2＝1,830$$

(2) 利息税＝应付利息×税率

(3) 实付利息＝应付利息－利息税

零存整取定期储蓄存款逾期支取应付利息计算公式为：

应付利息＝存款余额(月存金额×存入次数)×逾期天数×支取日活期储蓄存款利率(日)

【例6-9】 储户孙静于2013年6月8日开立1年期零存整取定期储蓄存款账户，每月定期存入1,000元，于2014年6月8日到期支取，假设存款利率1.71%。请计算实付利息。

【解析】 其利息计算（可直接使用固定基数计息法）为：

$$应付利息＝1,000×78×1.71\%÷12＝111.15(元)$$

【例6-10】 储户马红的零存整取定期储蓄存款账户如表6-7所示。

若该储户于2014年9月10日到期支取，请计算支付给储户的利息。

【解析】 利息计算为：

$$含税应付利息＝236,900×1.8\%÷360＝11.845≈11.85(元)$$

项目六 利息计算

表 6-7

账号：00103000000808　　　　　　　　　　　　　　　　　　　　　　　户名：马红
期限：1年　　　　　　　　　　　　　　　　　　　　　　　　　　　　　利率：1.8%

日期/(年.月.日)	摘要	存入/元	余额/元	天数/元	日积数/元	累计日积数/元
2013.9.10	开户	100.00	100.00	23	2,300	2,300
2013.10.03	续存	100.00	200.00	43	8,600	10,900
2013.11.15	续存	100.00	300.00	23	6,900	17,800
2013.12.8	续存	100.00	400.00	28	11,200	29,000
2014.1.5	续存	100.00	500.00	41	20,500	49,500
2014.2.15	续存	100.00	600.00	48	28,800	78,300
2014.4.4	续存	200.00	800.00	31	24,800	103,100
2014.5.5	续存	100.00	900.00	34	30,600	133,700
2014.6.8	续存	100.00	1,000.00	28	28,000	161,700
2014.7.6	续存	100.00	1,100.00	40	44,000	205,700
2014.8.16	续存	100.00	1,200.00	26	31,200	236,900

实训案例

银行存款利息计算方法实例

小张毕业后来到一个陌生的大城市准备找工作，2014年1月2日，他先到银行办理了银行卡和存折，存入自己原来积攒的10,000元钱（活期存款1元即可开户），这就是活期储蓄存款。经过一段时间的奔波，他找到了一份工作，时间也走到了2014年2月3日，要开始正式上班的小张取了3,000元钱用于吃饭逛街来庆祝。转眼间一个月过去了，小张也领到了属于自己的第一份工资5,000元，工资直接打到之前开办的银行卡上。

从上面的内容大家应该能看到活期储蓄很灵活，随存随取，可是余额处于不断变化之中，利息怎么来计算呢？银行采用的是一种叫积数计息法的方法，所谓积数计息法就是按照实际天数每日累计账户余额，以累计积数乘以日利率来计算利息的方法。积数计息法的计算公式如下：利息＝累计计息积数×日利率，其中累计计息积数＝账户每日余额合计数，日利率＝年利率÷360。

日期/(年.月.日)	存入/元	支取/元	余额/元	计息期/(年.月.日)	天数/天	计息积数/元
2014.1.2	10,000		10,000	2014.1.2～2014.2.2	32	32×10,000＝320,000
2014.2.3		3,000	7,000	2014.2.3～2014.3.10	36	36×7,000＝252,000
2014.3.11	5,000		12,000	2014.3.11～2014.3.20	10	10×12,000＝120,000
2014.3.20			12,000			

上面的表格描述了小张这段时间的活期储蓄账户资金变化情况，由于银行每季末月20日结息，因此我们只计算到2014年3月20日营业终了，银行应付的利息（假定2014

年3月20日适用的活期存款年利率为0.36%)。由于在活期储蓄过程中，有过存取钱的记录，因此分为表格中的几个区间，累计计息积数就是各个区间计息积数的和。因此，从2014年1月2日到2014年3月20日，获取的利息总共为：

利息＝累计计息积数×日利率＝(320,000＋252,000＋120,000)×(0.36%÷360)＝6.92(元)

通过计算我们发现活期储蓄存款的利息很少，要想获得更多的利息，可以采用下面介绍的几种存款方式。

一、零存整取

工作稳定下来以后，每个月都有了固定的收入，为了迫使自己攒点钱，小张于2014年3月1日去银行办理了零存整取储蓄存款业务，和银行约定每月存入2,000元，存期一年。在接下来的一年中，每个月小张都要去银行存入2,000元。

零存整取的开户方式和活期相同，只是在开户时需与银行约定每月存储金额和存期，零存整取每月五元起存，每月存入一次，中途如有漏存，应在次月补齐，存期一般分为一年、三年和五年；零存整取计息按实存金额和实际存期计算，具体利率标准按利率表执行。零存整取最重要的在于坚持，每月需要存入一次，中途如有漏存，可于次月补存，但次月未补存者则视同违约，到期支取时对违约之前的本金部分按实存金额和实际存期计算利息；违约之后存入的本金部分，按实际存期和活期利率计算利息。

下面我们来看看零存整取的利息计算方法，活期储蓄采用的是一种叫做积数计息法的算法，活期储蓄使用的是日积数法，零存整取采用的是月积数法，相对活期的计算要简单得多，下面是计算公式：利息＝月存金额×累计月积数×月利率。其中累计月积数＝(存入次数＋1)÷2×存入次数，按照这个算法我们可以很容易地算出一年期、三年期和五年期的零存整取的累计月积数分别为：78,666和1,830。这样我们就能计算出一年到期的时候，小张能够获得的利息金额了(假定2014年3月1日适用的一年期零存整取储蓄存款年利率为1.71%)。

利息＝月存金额×累计月积数×月利率＝2,000×78×1.71%÷12＝222.30元

二、整存整取

2015年3月1日，小张的一年期零存整取储蓄存款到期，本金和利息一共是24,222.30元，为了获取更多的利息，小张拿出一部分钱办理了整存整取业务，存入10,000元，存期三年。

整存整取是指约定存期，整笔存入，到期一次支取本息的一种定期储蓄，50元起存，多存不限。存期分三个月、六个月、一年、二年、三年和五年。整存整取提前支取的，按活期储蓄利率计息(也可以部分提前支取)。整存整取储蓄存款的本金、利率和存期都是确定的，利息计算也相对简单，其利息计算公式为：利息＝本金×利率×存期。

根据上面公式，三年后存款到期，小张可以获得的利息为(假定2015年03月01日适用的三年期整存整取存款利率为4.5%)：

利息＝本金×利率×存期＝10,000×4.5%×3＝1,350元

上面介绍的三种储蓄方式：活期储蓄、零存整取和整存整取是我们生活中比较常用的几种储蓄方式，关于储蓄还有其他几个储种：定活两便、存本取息、整存零取和通知存款。接下来我们将看看这其他几个储种。在此我们只介绍正常情况下的利息计算，其他情况暂时不予考虑。

三、定活两便

定活两便是一个比较灵活的储蓄方式，既有活期的便利，又有定期的利息，是个不错的选择。定活两便50元即可起存，在存款的时候不约定存期、可随时支取、利率根据存款时间的长短来计算。其计息规则为：存期超过整存整取最低档次且在一年以内的，分别按同档次整存整取利率打六折计息；存期超过一年（含一年）的，一律按一年期整存整取利率打六折计息；存期低于整存整取最低档次的，按活期利率计息。具体如下：

存款天数/天	同档次整存整取年利率/%	计息利率/%
Day<90		0.40（按活期利率计息）
90≤day<180	2.60	1.56
180≤day<360	2.80	1.68
Day≥360	3.00	1.80

在上表中 day 表示存款的天数，根据存款天数的不同适用不同的利息，后面三种计息利率都是同档次整存整取利率的60%。因为定活两便是一次性存入，一次性支取，不会涉及资金的变动，利息的计算很简单。定活两便计息公式为：利息＝本金×天数×计息利率÷360。之所以要除以360是因为上面表中的计息利率是年利率，需要换算成日利率。

小张发奖金了，刚好10,000元，计划过段时间工作不忙时去买个新笔记本，那么这些奖金就可以暂时存个定活两便（2015年3月1日），这样能获得比活期储蓄更多的利息。

经过一阵子的忙碌，时间到了2015年9月6日，小张决定去买笔记本。下面我们来看看这段时间的利息够不够打车钱。利息＝本金×天数×计息利率÷360＝10,000×189×1.68%÷360＝88.20元。通过合理的选择储蓄品种，小张既获得了一定的利息收益又保持了资金的灵活性。

四、存本取息

存本取息和整存整取有点类似，都属于定期储蓄，不同的地方是存本取息需要一次性存入较大金额，5,000元起存，可以分次支取利息，到期支取本金，存期分：一年、三年、五年。储户办理存本取息的时候，需要与银行约定存期以及支取利息的周期，一般一个月或者多个月取一次。需要注意的是，如果提前支取的，会按支取日挂牌的活期利率重新计息，并会在你的本金中将已分期支付的利息扣回。

下面我们看看存本取息的计息方法，存本取息的全部所得利息的计算和整存整取一样，只是利率要低一点，由于是分次取息，我们还需要计算出每次的利息，这个就要根据和银行约定的支取周期来算了，因此每次支取的利息额计算公式如下：利息＝本金×存期×利率÷支取次数。假设存期三年、每月取一次的话，支取次数就是：3×12＝36次。我们来计算一个10,000元存本取息三年后的利息以及每月能支取的利息。

总利息＝本金×存期×利率＝10,000×3×2.8%＝840(元)
每次支取利息＝总利息÷支取次数＝840÷36＝23.33(元)

五、整存零取

整存零取是分次支取本金，到期结算利息。整存零取也是一次性存入本金，1,000元起存，存期分一年、三年和五年，支取周期为1个月、3个月或者半年一次。相同存期的整存零取和存本取息能够获取的利息是一样的，因此利息计算公式也是一样的，整存零取计息公式为：利息＝本金×期数×利率。至于每个支取周期支取多少，这就取决于存款时候的存期以及约定的支取周期了，假设存入 12,000 元 1 年期的整存零取，支取周期为一个月，那么共可以支取 12 次，因此每次支取的额度为 12,000÷12＝1,000 元，利息在最后一个支取月的时候一并支付。

六、通知存款

通知存款不用约定存期，只需在支取时提前通知银行，约定支取日期和金额后即可支取。根据提前通知的期限不同，分为 1 天通知存款和 7 天通知存款，所谓 1 天通知存款就是提前 1 天通知银行。人民币通知存款最低起存、最低支取和最低留存金额均为 50,000 元。通知存款的利率要明显高于活期存款利率，但是如果未进行 1 天或 7 天预先通知提取的，那么只能按活期储蓄利率计息。通知存款一次性存入，可分多次支取，最低起存 50,000 元是指办理通知存款的时候需要一次性存入大于 50,000 元的存款，最低支取意味着每次至少要支取 50,000 元，最低留存 50,000 元意味着如果你取完钱后账户余额不足 50,000 元，则不再享受通知存款利率，要按照活期存款计息。

通知存款的利息计算比较简单，先根据 1 天通知存款还是 7 天通知存款来确定利率，然后计算存款的天数，最后按计息公式计算利息即可。假设小张于 2014 年 3 月 1 日存入 50,000 元通知存款，2014 年 3 月 23 日小张通知银行 7 天后（2014 年 3 月 30 日）要取款 50,000 元，到 30 号小张能获取的利息为（由于是提前 7 天通知，属于 7 天通知存款，假定当时年利率为 1.39%）：利息＝50,000×30×1.39%÷360＝57.92 元。而同样的时间，我们可以算出活期储蓄存款利息则只有 16.67 元。

请注意，如果发生如下情况，都将导致全部或者部分存款只能获取活期利息。

① 实际存期不足通知期限。
② 未提前通知而支取的，支取部分将按活期计息。
③ 办理通知手续但是提前支取或逾期支取的，支取部分按活期计息。
④ 支取金额不足或超过约定金额的，不足或超过的部分按活期计息。
⑤ 支取金额不足最低支取金额。

通知存款虽然可以较活期获取更多的利息，但是需要办理通知手续比较麻烦，目前已经有自动转存功能的 7 天通知存款，即银行根据与储户的约定，按通知存款利率每 7 天自动结息，并将本息合计金额自动转存为新的通知存款，储户无需预约也可随时支取，且不必担心损失通知存款的利息。当然，这些并不是每个银行都提供这样的业务的，具体请直接咨询银行工作人员，这种智能型的通知存款业务也可以成为银行之间争夺客户的一个筹码。

知识链接

随着利率市场化的推进，各商业银行在计算存款利息时，可能存在差异。利息差异主要来源于几个方面。一是商业银行在政策允许范围内可对存款利率下浮，各商业银行存款利率可能不同。储户在存款时应了解具体的存款利率水平，选择合适的银行。二是计结息规则不同，因复利因素造成利息差异。三是利息计算方法不同也会导致利息差异，如定期存款是采用整年整月加零头天数还是按存期实际天数计算利息即会导致利息差异。中国人民银行规定，商业银行应将存款计结息规则和计息方法告知客户，客户亦可向银行咨询相关信息，以便自主选择银行办理储蓄业务。

活动练习

1. 完成下列储蓄利息计算练习题

金融技能——储蓄利息计算练习题(1)								
支取日:2014.07.15		活期利率:0.35%		班级:		姓名:		保留2位小数
序号	开户日/(年.月.日)	存期	年利率/%	到期日	本金/元	应付利息/元	利息税/%	实付利息/元
1	2012.07.15	2年	4.125		32,500			
2	2014.05.09	6个月	3.08		40,000			
3	2012.11.10	1年	3.3		36,000			
4	2014.05.25	3年	4.675		50,000			
5	2012.12.09	2年	4.125		19,200			
6	2009.05.07	2年	2.79		33,060			
7	2013.01.01	3年	4.675		23,480			
8	2014.04.22	1年	3.3		56,000			
9	2013.11.05	1年	3.3		92,000			
10	2009.02.28	3个月	1.71		7,800			
11	2009.06.08	3年	3.33		23,400			
12	2011.06.28	6个月	3.05		200,700			
13	2011.07.16	3年	5		24,900			
14	2012.10.23	6个月	3.08		6,650			
15	2009.04.09	1年	2.25		56,800			
16	2012.10.18	3个月	2.86		25,000			
17	2009.07.04	5年	3.6		36,600			
18	2011.07.13	1年	3.5		50,000			
19	2009.03.16	6个月	1.98		23,640			
20	2011.06.20	3个月	2.85		1,960			

金融技能——储蓄利息计算练习题(2)								
支取日:2015.01.25		活期利率:0.42%		班级:		姓名:		保留2位小数
序号	开户日/(年.月.日)	存期	年利率/%	到期日	本金/元	应付利息/元	利息税/%	实付利息/元
1	2010.02.20	1年	2.25		27,800			
2	2013.02.28	1年	3.3		57,000			
3	2014.12.07	1年	3.3		19,000			
4	2010.02.28	2年	2.79		69,800			
5	2010.03.10	3年	3.33		1,870			

续表

序号	开户日/(年.月.日)	存期	年利率/%	到期日	本金/元	应付利息/元	利息税/%	实付利息/元
6	2010.03.30	5年	3.6		78,900			
7	2009.09.01	6个月	1.98		64,000			
8	2013.02.20	6个月	3.08		15,400			
9	2014.06.18	3年	4.675		57,800			
10	2013.03.08	2年	4.125		15,600			
11	2009.08.25	3个月	1.71		64,200			
12	2011.08.10	1年	3.5		50,000			
13	2011.07.20	3个月	3.1		91,000			
14	2011.07.25	6个月	3.3		52,460			
15	2013.03.27	3年	4.675		6,000			
16	2014.05.20	1年	3.3		76,300			
17	2013.02.18	3个月	2.86		34,600			
18	2014.05.31	6个月	3.08		59,000			
19	2011.08.25	2年	4.4		68,700			
20	2011.09.01	3年	5		46,200			

金融技能——储蓄利息计算练习题(3)

支取日:2013.11.20		活期利率:0.385%		班级:		姓名:		保留2位小数
序号	开户日/(年.月.日)	存期	年利率/%	到期日	本金/元	应付利息/元	利息税/%	实付利息/元
1	2010.05.07	1年	2.25		27,800			
2	2010.05.26	2年	2.79		65,700			
3	2010.06.29	5年	3.6		55,800			
4	2013.05.21	1年	3.3		31,500			
5	2013.12.25	1年	3.3		80,000			
6	2010.06.03	3年	3.33		140,000			
7	2013.06.25	6个月	3.08		35,000			
8	2011.09.28	6个月	3.3		65,000			
9	2011.10.28	2年	4.4		87,500			
10	2010.04.07	3个月	1.71		34,000			
11	2013.04.15	6个月	3.08		15,740			
12	2012.01.13	3年	5		200,700			
13	2013.07.25	3年	4.675		127,500			
14	2010.04.20	6个月	1.98		157,800			
15	2011.10.18	1年	3.5		3,100			
16	2011.09.25	3个月	3.1		48,700			

续表

序号	开户日/(年.月.日)	存期	年利率/%	到期日	本金/元	应付利息/元	利息税/%	实付利息/元
17	2013.05.24	2年	4.125		90,000			
18	2013.04.05	3个月	2.86		10,000			
19	2013.05.28	3年	4.675		23,640			
20	2013.06.07	1年	3.3		15,700			

金融技能——储蓄利息计算练习题(4)

支取日:2013.10.18　　活期利率:0.35%　　班级:　　姓名:　　保留2位小数

序号	开户日/(年.月.日)	存期	年利率/%	到期日	本金/元	应付利息/元	利息税/%	实付利息/元
1	2010.09.01	5年	3.6		57,200			
2	2010.07.28	6个月	1.98		4,500			
3	2010.07.22	3个月	1.71		6,000			
4	2013.07.26	3年	4.675		45,000			
5	2013.07.20	1年	3.3		90,000			
6	2013.09.29	1年	3.3		75,700			
7	2013.06.03	3个月	2.86		45,700			
8	2010.08.28	3年	3.33		62,000			
9	2013.07.26	6个月	3.08		78,800			
10	2012.03.13	3年	5		9,800			
11	2010.08.02	1年	2.25		15,400			
12	2012.02.29	1年	3.5		71,300			
13	2013.06.18	1年	3.3		71,200			
14	2010.08.15	2年	2.79		98,700			
15	2013.07.23	2年	4.125		13,000			
16	2012.02.11	6个月	3.3		84,000			
17	2012.03.07	2年	4.4		12,460			
18	2012.01.27	3个月	3.1		65,600			
19	2013.06.04	6个月	3.08		13,800			
20	2013.08.25	3年	4.675		3,000			

金融技能——储蓄利息计算练习题(5)

支取日:2014.06.07　　活期利率:0.35%　　班级:　　姓名:　　保留2位小数

序号	开户日/(年.月.日)	存期	年利率/%	到期日	本金/元	应付利息/元	利息税/%	实付利息/元
1	2010.10.01	1年	2.25		87,000			

续表

序号	开户日/(年.月.日)	存期	年利率/%	到期日	本金/元	应付利息/元	利息税/%	实付利息/元
2	2012.05.13	2年	4.4		42,100			
3	2012.03.18	3个月	3.1		54,200			
4	2010.09.28	3个月	1.71		65,000			
5	2013.08.28	6个月	3.08		687,200			
6	2012.04.11	1年	3.5		54,300			
7	2013.09.25	2年	4.125		42,400			
8	2010.10.18	3年	3.33		54,000			
9	2012.06.08	3年	4.65		63,000			
10	2013.11.11	3年	4.675		78,000			
11	2010.11.09	5年	4.2		21,000			
12	2010.09.29	6个月	1.98		49,000			
13	2010.10.07	2年	2.79		98,000			
14	2014.01.04	1年	3.3		132,000			
15	2014.02.28	6个月	3.08		456,000			
16	2013.09.01	1年	3.3		1,320			
17	2014.03.26	3年	4.675		54,000			
18	2013.08.12	3个月	2.86		41,500			
19	2014.04.08	1年	3.3		123,000			
20	2012.03.31	6个月	3.3		10,000			

金融技能——储蓄利息计算练习题(6)

支取日:2015.02.03		活期利率:0.42%		班级:		姓名:		保留2位小数
序号	开户日/(年.月.日)	存期	年利率/%	到期日	本金/元	应付利息/元	利息税/%	实付利息/元
1	2010.12.24	2年	3.25		8,910			
2	2012.07.16	3年	4.675		46,000			
3	2011.01.09	3年	4.15		3,400			
4	2014.08.29	1年	3.3		5,400			
5	2014.10.26	3年	4.675		4,600			
6	2013.10.01	3个月	2.86		42,000			
7	2010.12.18	1年	2.5		47,000			
8	2014.12.26	1年	3.3		34,000			
9	2012.07.15	2年	4.125		87,800			
10	2010.11.28	3个月	1.91		25,000			
11	2014.02.07	3年	4.675		64,000			
12	2011.01.25	5年	4.55		54,000			

续表

序号	开户日/(年.月.日)	存期	年利率/%	到期日	本金/元	应付利息/元	利息税/%	实付利息/元
13	2013.10.15	6个月	3.08		58,000			
14	2014.09.19	6个月	3.08		13,000			
15	2010.12.05	6个月	2.2		87,000			
16	2012.07.10	1年	3.3		55,000			
17	2012.06.10	6个月	3.3		84,500			
18	2012.06.09	3个月	3.1		54,100			
19	2013.10.26	1年	3.3		6,500			
20	2013.11.05	2年	4.125		51,000			

金融技能——储蓄利息计算练习题(7)

支取日:2014.11.09　　活期利率:0.36%　　班级:　　　　姓名:　　　　保留2位小数

序号	开户日/(年.月.日)	存期	年利率/%	到期日	本金/元	应付利息/元	利息税/%	实付利息/元
1	2012.07.23	1年	3.3		62,100			
2	2014.01.11	2年	4.125		23,200			
3	2012.07.26	3年	4.675		25,600			
4	2011.02.18	6个月	2.8		5,900			
5	2011.02.28	1年	3		87,800			
6	2011.01.31	3个月	2.25		94,200			
7	2012.07.18	3个月	2.86		68,400			
8	2014.03.28	3年	4.675		65,410			
9	2011.03.01	2年	3.9		87,400			
10	2012.07.20	6个月	3.08		9,800			
11	2011.03.10	3年	4.5		57,000			
12	2012.07.25	2年	4.125		10,000			
13	2011.03.18	5年	5		47,800			
14	2014.01.09	1年	3.3		61,650			
15	2014.09.20	1年	3.3		57,820			
16	2014.11.07	3年	4.675		25,500			
17	2014.10.02	6个月	3.08		38,600			
18	2014.02.28	6个月	3.08		57,400			
19	2013.12.07	3个月	2.86		80,000			
20	2013.12.24	1年	3.3		5,000			

金融技能——储蓄利息计算练习题(8)

支取日:2014.08.31		活期利率:0.36%		班级:		姓名:		保留2位小数
序号	开户日 /(年.月.日)	存期	年利率 /%	到期日	本金 /元	应付利息 /元	利息税 /%	实付利息 /元
1	2014.03.22	1年	3.3		82,300			
2	2012.07.27	3个月	2.86		3,210			
3	2014.03.27	2年	4.125		35,000			
4	2014.02.09	3个月	2.86		57,000			
5	2014.05.24	1年	3.3		54,500			
6	2011.05.28	2年	4.15		10,000			
7	2012.09.28	2年	4.125		28,480			
8	2011.05.13	1年	3.25		56,000			
9	2014.06.28	1年	3.3		72,000			
10	2012.10.17	3年	4.675		9,800			
11	2014.04.26	3年	4.675		21,400			
12	2014.07.18	3年	4.8		21,500			
13	2012.08.25	6个月	3.08		21,000			
14	2014.08.18	6个月	3.08		1,000			
15	2012.08.28	1年	3.3		24,000			
16	2014.04.18	6个月	3.08		35,700			
17	2011.06.15	3年	4.75		30,100			
18	2011.06.18	5年	5.25		5,400			
19	2011.05.12	6个月	3.05		8,000			
20	2011.03.25	3个月	2.6		60,800			

金融技能——储蓄利息计算练习题(9)

				班级:		姓名:		保留2位小数
序号	开户日 /(年.月.日)	存期	年利率 /%	到期日	每月存入 金额/元	应付利息 /元	利息税 /%	实付利息 /元
1	2011.07.20	3年	3.3		80			
2	2014.02.28	1年	2.85		100			
3	2013.06.20	1年	2.85		25			
4	2010.05.01	3年	1.98		90			
5	2010.08.02	3年	1.98		50			
6	2010.12.18	3年	2.2		300			
7	2013.08.20	5年	3		450			
8	2011.11.10	5年	3.5		500			
9	2010.07.26	1年	1.71		150			

续表

序号	开户日/(年.月.日)	存期	年利率/%	到期日	每月存入金额/元	应付利息/元	利息税/%	实付利息/元
10	2010.09.25	5 年	2.25		180			
11	2011.03.13	1 年	2.6		200			
12	2012.10.26	5 年	3		80			
13	2014.08.28	1 年	2.85		100			
14	2012.07.28	1 年	2.85		25			
15	2011.02.28	3 年	2.8		90			
16	2014.05.26	1 年	2.85		50			
17	2010.06.08	5 年	2.25		300			
18	2013.07.23	3 年	2.9		450			
19	2010.04.26	1 年	1.71		500			
20	2014.09.23	3 年	2.9		150			

金融技能——储蓄利息计算练习题(10)

班级：　　　　　姓名：　　　　　保留 2 位小数

序号	开户日/(年.月.日)	存期	年利率/%	到期日	每月存入金额/元	应付利息/元	利息税/%	实付利息/元
1	2014.12.09	1 年	2.6		80			
2	2014.11.09	3 年	2.9		100			
3	2013.10.08	3 年	2.9		25			
4	2011.01.25	5 年	2.75		90			
5	2011.03.18	5 年	3		50			
6	2014.04.25	1 年	2.85		300			
7	2012.11.05	1 年	2.85		450			
8	2011.05.13	1 年	2.85		500			
9	2014.06.28	3 年	2.9		150			
10	2012.02.07	1 年	3.1		180			
11	2013.09.05	1 年	2.85		200			
12	2014.03.29	3 年	2.9		80			
13	2013.12.15	5 年	3		100			
14	2012.03.27	3 年	3.3		25			
15	2013.05.28	5 年	3		90			
16	2012.05.27	5 年	3.5		50			
17	2013.02.18	3 年	2.9		300			
18	2010.10.02	1 年	1.71		450			
19	2012.08.04	3 年	2.9		500			
20	2014.07.15	1 年	2.85		150			

2. 完成下列对公存、贷款利息计算练习题

单位：元

金融技能——对公存、贷款利息计算练习题(1)					
班级：		学号：	姓名：	得分：	
第 1 组			第 2 组		
1. 加计积数计算利息（利率 0.36%）			1. 加计积数计算利息（利率 0.72%）		
		73,691.42			179,865.34
		419,368.05			371,682.54
		9,035,421.68			3,514.52
		23,709.84			81,652.94
		51,476.47			10,902.63
		96,421.35			2,394,865.01
		768,920.45			536,847.21
		4,892.36			9,038.15
		6,753,210.98			3,256,978.52
		7,384,162.59			39,816.72
		3,517.50			654,179.82
		57,491.26			62,749.84
		478,320.61			498,216.30
		1,305,964.56			975,380.24
		253,801.46			79,065.20
		4,901,567.23			9,275,954.63
		453,689.02			30,687.51
		9,642,510.37			703,142.59
		45,648.32			356,420.84
		96,145.59			35,701.82
积数			积数		
利息			利息		
2. 计算下列利息			2. 计算下列利息		
积数	利率	利息	积数	利率	利息
18,746,529.64	0.36%		69,524,163.29	0.72%	
1,326,598.47	0.36%		5,246,921.67	0.72%	
3. 逐笔计算贷款利息			3. 逐笔计算贷款利息		
(1)2014 年 1 月 2 日贷款 1,350,000 元，利率 5.6%，2014 年 6 月 12 日还清，应收多少利息？			(1)2013 年 6 月 15 日借 6 个月贷款 850,000 元，利率 5.6%，2014 年 2 月 18 日还清，应收多少利息？		

项目六 利息计算 Chapter 6

续表

利息：	利息：
（2）2011年8月1日贷款220,000元，利率6.9%，2014年9月12日还清，应收多少利息？	（2）2013年5月11日借一年期贷款800,000元，利率6%，2014年5月19日还清，应收多少利息？
利息：	利息：

单位：元

金融技能——对公存、贷款利息计算练习题(2)

班级：	学号：	姓名：	得分：

第1组 / 第2组

1. 加计积数计算利息（利率0.42%） | 1. 加计积数计算利息（利率0.35%）

	第1组		第2组
	4,790,852.31		295,473.12
	9,801,627.53		216,349.78
	7,830.51		70,215,468.69
	808,192.35		50,781.29
	75,641.26		264,185.39
	8,356.49		79,408.61
	8,905,024.17		7,064,159.53
	2,683,790.00		235,795.46
	4,358.89		48,795.63
	629,715.84		1,320.69
	9,306,184.27		981,345.26
	12,906.35		874,012.95
	1,942.35		8,390,615.47
	815,076.59		6,028,795.35
	74,629.52		59,872.26
	3,289,351.38		2,579.63
	5,947,351.05		316,097.58
	2,706.35		427,645.29
	2,564,158.25		528,694.24
	56,279.62		3,645,982.65
积数		积数	
利息		利息	

2. 计算下列利息 | 2. 计算下列利息

积数	利率	利息	积数	利率	利息
64,523,198.09	0.42%		95,164,328.79	0.35%	
54,189,254.58	0.42%		1,625,649.34	0.35%	

续表

3. 逐笔计算贷款利息				3. 逐笔计算贷款利息			
(1)2012年5月19日贷款600,000元,利率6.65%,2014年6月23日还清,应收多少利息?				(1)2013年6月15日借一年贷款850,000元,利率6%,2014年1月18日还清,应收多少利息?			
利息:				利息:			
(2)2013年4月13日贷款900,000元,利率6.15%,2014年5月1日还清,应收多少利息?				(2)2011年3月21日借三年期贷款700,000元,利率6.1%,2014年3月23日还清,应收多少利息?			
利息:				利息:			

单位：元

金融技能——对公存、贷款利息计算练习题(3)							
班级:		学号:		姓名:		得分:	
第1组				第2组			
1. 加计积数计算利息(利率0.36%)				1. 加计积数计算利息(利率0.35%)			
			8,405,763.32				7,408,531.62
			2,143,908.63				23,951.08
			54,237.09				4,956,712.97
			79,841.50				1,537.84
			46,318.95				342,590.17
			659,820.37				312,874.65
			281,634.50				1,643,258.90
			1,902.68				7,593.21
			63,827.05				1,209,367.58
			29,506.35				63,041.85
			984,516.23				624,798.31
			930,561.28				5,720.38
			6,431,897.25				10,826.97
			4,692.73				38,671.05
			3,642,107.58				208,617.39
			7,341.20				7,089,163.42
			512,809.36				317,460.28
			345,867.10				956,470.28
			254,864.26				397.52
			3,542,706.91				403,897.52
积数:				积数			
利息:				利息			

项目六 利息计算

续表

2. 计算下列利息			2. 计算下列利息		
积数	利率	利息	积数	利率	利息
67,501,283.54	0.36%		15,209,635.45	0.35%	
81,509,726.56	0.36%		4,879,053.48	0.35%	
3. 逐笔计算贷款利息 (1)2013年2月27日贷950,000元,利率6.15%,2014年3月17日还清,应收多少利息?			3. 逐笔计算贷款利息 (1)2013年8月22日借6个月贷款243,000元,利率5.6%,2014年12月19日还清,应收多少利息?		
利息:			利息:		
(2)2013年3月9日贷款840,000元,利率6.15%,2014年11月26日还清,应收多少利息?			(2)2011年6月20日借三年期贷款730,000元,利率6.4%,2014年10月29日还清,应收多少利息?		
利息:			利息:		

单位:元

金融技能——对公存、贷款利息计算练习题(4)					
班级:		学号:		姓名:	得分:
第1组			第2组		
1. 加计积数计算利息(利率0.36%)			1. 加计积数计算利息(利率0.38%)		
		63,502.71			891,340.52
		104,385.42			2,067,891.34
		5,208,793.64			4,328,056.97
		1,569.47			750,538.41
		916,825.70			5,769.83
		7,489,051.36			219,680.54
		520,364.89			792,356.08
		2,809,423.17			624,105.67
		682,174.58			54,431.96
		9,813.26			81,507.32
		31,806.95			740,186.25
		347,062.98			683,460.17
		5,943,906.71			389,267.59
		206,398.64			216,089.76
		9,513,460.70			163,509.24
		2,308,571.94			29,784.31
		43,705.12			781,395.62
		174,368.29			658,972.00
		78,320.91			83,401.86
		650,794.13			9,753,401.86

续表

积数			积数		
利息			利息		
2. 计算下列利息			2. 计算下列利息		
积数	利率	利息	积数	利率	利息
1,084,635.97	0.36%		914,940.76	0.38%	
319,402.08	0.36%		8,243,795.14	0.38%	
3. 逐笔计算贷款利息			3. 逐笔计算贷款利息		
(1)2014年2月21日贷款900,000元,利率5.6%,2014年6月20日还清,应收多少利息?			(1)2013年6月21日借6个月贷款600,000元,利率5.6%,2014年1月21日还清,应收多少利息?		
利息:			利息:		
(2)2012年3月25日贷款350,000元,利率6.65%,2014年9月25日还清,应收多少利息?			(2)2013年3月14日借一年期贷款300,000元,利率6%,2014年4月23日还清,应收多少利息?		
利息:			利息:		

单位:元

金融技能——对公存、贷款利息计算练习题(5)				
班级:		学号:	姓名:	得分:
第1组			第2组	
1. 加计积数计算利息(利率0.72%)			1. 加计积数计算利息(利率0.42%)	
		6,498,375.02		90,637.18
		2,170,853.94		729,854.06
		5,409.27		943,087.65
		462,130.78		10,495.32
		6,174,068.59		506,749.21
		8,501,376.42		875,123.04
		83,951.76		13,422.78
		732,869.15		238,109.56
		950,437.21		9,601,458.72
		13,066.48		48,973.16
		4,195,623.87		473,068.95
		1,423,095.76		95,426.07
		849,850.62		132,945.68
		52,850.28		9,083,674.51
		3,581,024.76		3,187,925.64
		50,642.19		534,062.87
		8,912,760.43		23,140.79
		427,196.35		7,290,413.58
		99,253.78		16,543.28
		134,608.29		672,805.41

续表

积数			积数		
利息			利息		
2. 计算下列利息			2. 计算下列利息		
积数	利率	利息	积数	利率	利息
60,315,091.50	0.72%		53,482,716.00	0.42%	
4,571,602.10	0.72%		26,803,751.56	0.42%	
3. 逐笔计算贷款利息			3. 逐笔计算贷款利息		
(1)2012年2月19日贷款780,000元,利率6.65%,2014年4月23日还清,应收多少利息?			(1)2013年5月11日借6个月期贷款800,000元,利率5.6%,2014年5月19日还清,应收多少利息?		
利息:			利息:		
(2)2014年4月12日贷款560,000元,利率6%,2014年10月20日还清,应收多少利息?			(2)2010年12月10日借三年期贷款360,000元,利率5.6%,2014年2月19日还清,应收多少利息?		
利息:			利息:		

单位:元

金融技能——对公存、贷款利息计算练习题(6)			
班级:	学号:	姓名:	得分:
第1组		第2组	
1. 加计积数计算利息(利率0.36%)		1. 加计积数计算利息(利率0.38%)	
	31,740.38		4,386.74
	7,652,938.84		9,051,274.90
	6,584.70		375,890.57
	819,270.63		16,257.14
	941,206.81		280,614.28
	564,984.03		39,281.19
	42,703.87		634,019.57
	1,026,987.93		26,941,857.06
	2,593.71		572,406.19
	35,607,471.46		40,915.01
	52,146.83		8,325,601.74
	1,705,983.67		98,357.39
	384,267.06		76,039.54
	5,906.91		21,546.96
	40,362,791.16		51,329,096.38
	978,516.43		17,438.40
	76,521.04		79,140.98
	83,492.38		652,098.35
	25,400.25		352,786.14
	20,384.45		4,207,135.97

积数			积数		
利息			利息		
2. 计算下列利息			2. 计算下列利息		
积数	利率	利息	积数	利率	利息
58,961,872.94	0.36%		9,308,561.24	0.38%	
9,283,041.56	0.36%		86,713,490.25	0.38%	
3. 逐笔计算贷款利息			3. 逐笔计算贷款利息		
(1)2013年5月21日贷款780,000元，利率6%，2014年4月20日还清，应收多少利息？			(1)2013年1月15日借一年期贷款730,000元，利率6%，2014年2月15日还清，应收多少利息？		
利息：			利息：		
(2)2013年7月20日贷款980,000元，利率6.15%，2014年9月21日还清，应收多少利息？			(2)2013年3月11日借一年期贷款510,000元，利率6%，2014年5月12日还清，应收多少利息？		
利息：			利息：		

单位：元

金融技能——对公存、贷款利息计算练习题(7)

班级：		学号：		姓名：		得分：	
第1组				第2组			
1. 加计积数计算利息(利率0.72%)				1. 加计积数计算利息(利率0.38%)			
			17,983.29				689,053.29
			251,098.79				35,782.64
			70,854.98				507,469.25
			58,104,729.63				701,236.50
			93,546.28				3,812,094.78
			726,805.49				130,872.65
			1,042,697.78				389,107.46
			37,581.29				16,724.36
			820,763.48				930,468.50
			42,938.63				87,216.59
			93,176,054.28				30,948.29
			359,817.42				356,214.97
			98,130.28				2,915,687.29
			2,940,356.78				478,051.26
			803,561.52				63,574.85
			54,602.58				825,619.32
			2,148,659.27				54,208.71
			1,243,073.56				40,156,029.00
			27,469.15				35,289.26
			65,412.38				68,137.24

续表

积数:			积数		
利息:			利息		
2.计算下列利息			2.计算下列利息		
积数	利率	利息	积数	利率	利息
49,613,027.29	0.72%		2,369,845.27	0.38%	
8,201,495.87	0.72%		1,897,234.59	0.38%	
3.逐笔计算贷款利息			3.逐笔计算贷款利息		
(1)2014年4月7日贷款570,000元,利率5.6%,2014年10月9日还清,应收多少利息?			(1)2011年5月20日借三年贷款760,000元,利率6.4%,2014年12月3日还清,应收多少利息?		
利息:			利息:		
(2)2011年11月23日贷款800,000元,利率6.65%,2014年10月24日还清,应收多少利息?			(2)2010年1月15日借三年期贷款4,300,000元,利率5.4%,2014年2月15日还清,应收多少利息?		
利息:			利息:		

单位:元

金融技能——对公存、贷款利息计算练习题(8)			
班级:	学号:	姓名:	得分:
第1组		第2组	
1.加计积数计算利息(利率0.36%)		1.加计积数计算利息(利率0.42%)	
	5,601.34		736,840.74
	328,357.16		620,491.56
	86,914.31		83,157.27
	275,803.19		5,903.91
	4,327,916.28		4,816,297.44
	190,453.77		16,021.79
	7,682,501.00		93,461.32
	63,812.55		625,870.08
	97,601.61		9,571,243.23
	41,328.57		40,379.38
	7,489,562.34		72,364.28
	356,201.87		318,945.97
	91,734.48		90,186.34
	86,904.27		8,752,904.24
	65,047,123.39		67,401,253.29
	28,307.37		28,961.69
	5,918.31		534,097.31
	142,567.29		1,348,672.39
	3,098,154.65		3,051.19
	7,238.15		30,514.75

续表

积数：				积数			
利息：				利息			
2. 计算下列利息				2. 计算下列利息			
积数	利率	利息		积数	利率	利息	
978,651.34	0.36%			9,969,154.27	0.42%		
8,625,489.16	0.36%			75,183,946.18	0.42%		
3. 逐笔计算贷款利息				3. 逐笔计算贷款利息			
(1)2014年4月26日借6个月期贷款980,000元，利率5.6%，2014年12月3日还清，应收多少利息？				(1)2011年5月21日贷款550,000元，利率6.4%，2014年5月19日还清，应收多少利息？			
利息：				利息：			
(2)2013年12月11日借6个月贷款816,000元，利率5.6%，2014年11月11日还清，应收多少利息？				(2)2012年4月13日贷款950,000元，利率6.4%，2014年6月13日还清，应收多少利息？			
利息：				利息：			

单位：元

金融技能——对公存、贷款利息计算练习题（9）

班级：		学号：		姓名：		得分：	
第1组				第2组			
1. 加计积数计算利息（利率0.36%）				1. 加计积数计算利息（利率0.72%）			
		241,605.73				86,197.81	
		74,358.06				540,128.76	
		9,037.68				4,651,023.27	
		7,895,312.40				70,923,581.33	
		4,235.16				94,817.56	
		20,487.95				60,925.48	
		1,938,740.62				392,608.47	
		69,521.84				8,439,257.29	
		598,016.42				10,246,735.79	
		1,307.69				2,983.47	
		763,192.85				601,354.78	
		45,106,923.78				276,093.68	
		8,041,592.67				107,856.42	
		481,320.96				10,428.93	
		7,459.01				6,841,590.27	
		53,078.00				7,236.59	
		76,295.43				869,217.73	
		23,958.61				1,895.03	
		81,237.94				45,320.69	
		604,382.79				237,654.81	

项目六　利息计算

续表

积数：			积数		
利息：			利息		
2. 计算下列利息			2. 计算下列利息		
积数	利率	利息	积数	利率	利息
59,436,021.78	0.36%		35,186,204.98	0.72%	
1,708,236.49	0.36%		4,169,308.57	0.72%	
3. 逐笔计算贷款利息			3. 逐笔计算贷款利息		
(1)2013年9月27日贷款450,000元,利率5.6%,2014年3月26日还清,应收多少利息?			(1)2014年5月16日借6个月贷款400,000元,利率5.6%,2014年11月23日还清,应收多少利息?		
利息：			利息：		
(2)2011年9月19日贷,760,000元,利率6.9%,2014年10月24日还清,应收多少利息?			(2)2013年2月12日借一年期贷款550,000元,利率6%,2014年2月26日还清,应收多少利息?		
利息：			利息：		

单位：元

金融技能——对公存、贷款利息计算练习题(10)					
班级：		学号：		姓名：	得分：
第1组			第2组		
1. 加计积数计算利息(利率0.42%)			1. 加计积数计算利息(利率0.38%)		
		5,820.97			38,650.27
		49,268.15			591,428.96
		1,459.82			2,043,719.84
		987,105.34			9,867.29
		873,162.05			46,280,531.39
		172,485.09			1,328,954.44
		2,697,041.35			40,167.23
		94,836.07			69,531.54
		87,102.56			702,485.39
		89,304.26			18,627,930.37
		7,693.40			82,531.49
		871,045.29			39,017.37
		264,349.07			501,296.16
		5,610,984.37			5,678,143.28
		5,320.91			462,089.37
		5,076.92			6,851.23
		461,390.78			509,645.34
		190,254.76			96,421.26
		485,795.54			870,134.79
		126,435.06			8,692,750.89

续表

积数			积数		
利息			利息		
2. 计算下列利息			2. 计算下列利息		
积数	利率	利息	积数	利率	利息
53,482,716.00	0.42%		83,786,615.25	0.38%	
26,803,751.56	0.42%		4,287,683.05	0.38%	
3. 逐笔计算贷款利息			3. 逐笔计算贷款利息		
(1)2013年2月18日贷款160,000元,利率6.15%,2014年11月28日还清,应收多少利息?			(1)2011年5月20日贷850,000元,利率6.4%,2014年4月20日还清,应收多少利息?		
利息:			利息:		
(2)2013年7月25日借一年期贷款450,000元,利率6%,2014年12月21日还清,应收多少利息?			(2)2011年2月28日借三年期贷款320,000元,利率6.1%,2014年3月23日还清,应收多少利息?		
利息:			利息:		

Chapter 7

项目七
会计资料的整理技能

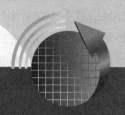

学习目标
◇ 掌握记账凭证、账簿以及会计报表等会计资料的整理。

技能目标
◇ 能熟练进行记账凭证、账簿以及会计报表等会计资料的整理、归档及装订方法。

学习任务一
会计凭证的整理与归档

学生的任务
◇ 要求学生了解会计资料的内容。
◇ 要求学生掌握会计凭证的整理与归档方法。

教师的任务
◇ 讲解会计资料的内容。
◇ 指导学生按规程进行会计资料的整理、装订和归档。
◇ 指导学生完成活动练习。

 教学活动　会计凭证的整理、装订和归档

活动目标
要求学生能够规范的进行会计资料的整理、装订和归档。

知识准备

会计资料产生于单位的经济活动，尤其是会计核算活动之中。主要包括会计凭证、会计账簿和财务报告等会计核算的专业材料，是记录和反映经济业务的重要史料和证据，因而具有非常重要的保留价值。

各单位的会计资料往往是分散的，数量也很多，类别也比较繁杂，为了对会计资料进行妥善保管，以发挥其会计档案的作用，有必要对会计资料进行挑选、收集、整理、形成会计档案，集中妥善保管，有序存放，以方便检查，防止随意销毁、散失和泄密。

会计资料的整理就是将已收集的会计资料分门别类地加以系统化，按序存放。其整理的目的是对会计资料实行有序管理。整理工作包括系统化、编目以及必要的加工等。系统化就是区分卷宗、分类组卷、案卷排列三项工作；编目就是指会计资料的目录编制、备查表的编制等。会计资料整理是会计档案管理的重要内容，是存放、利用会计档案的前提。

一、会计凭证的整理

会计凭证是记录经济业务发生和完成情况的书面证明，是记账的重要证据。会计凭证是会计资料的重要组成部分，也是形成其他会计资料的重要来源。会计凭证包括记账凭证和原始凭证。

原始凭证是在经济业务事项发生时由经办人员直接取得或填制、用以表明某项经济业务事项已经发生或其完成情况、明确有关经济责任的一种原始依据，如发货票、进货单、差旅费报销单等。原始凭证一般作为记账凭证的附件附在记账凭证后面。

记账凭证是对经济业务事项按其性质加以归类、确定会计分录，并据以登记会计账簿的凭证。记账凭证是根据原始凭证编制的。会计凭证的整理方法如下。

（1）把所有应归档的会计凭证收集齐全，并根据记账凭证进行分类。记账凭证一般分为收款凭证、付款凭证、转账凭证三种，根据不同的种类，按顺序号或按时间逐张排放好。

（2）整理记账凭证的附件（原始凭证），补充遗漏的必不可少的核算资料，剔除不属于会计档案范围和没有必要归档的一些资料。

（3）清除订书钉、曲别针、大头钉等金属物。

（4）将每一类记账凭证按适当厚度分成若干本。

将会计凭证整理好后，应按照有关规定的要求，认真做好会计凭证的装订工作。

二、会计凭证的装订

在装订会计凭证前，检查会计凭证及其附件是否齐全，编号从小号到大号是否连续，把填制好的记账凭证按顺序号排列好，防止标号颠倒；制单、记账、稽核责任者没签字盖章的，要补齐并加盖戳印；编制记账凭证汇总表，试算平衡后，与总账核对，账表相符后，方可着手进行装订。每月装订会计凭证的本数应该根据单位业务量大小来确定，避免过厚或过薄，订本太厚事后翻阅不便，订本太薄，不好保管，容易散失。不准跨越装订。

装订会计凭证要加封面、封底，其格式如图7-1所示。

在装订前，要把会计凭证封面叠好，把科目汇总表放在第一页记账凭证前边，按顺序号把记账凭证后边所附的原始凭证墩齐，不规格的原始凭证要叠好，使其不超过记账凭证的长和宽。具体来说：对于纸张面积大于记账凭证的原始凭证，可按略小于记账凭证面积的尺寸，先自右向左，再自下向上两次折叠，如果采用"角订法"进行装订，要把折叠起来的左上角反折成一个三角形，如果采用"侧订法"装订，则要把折叠起来的左边，留一些空余，另外再用厚纸折成三角或长条，衬在装订处，这样使装订处与不装订处同等厚薄，既美观又便于装订和查阅；对于纸张面积很小、无法进行装订的原始凭证，可按一定的顺序和类别，粘贴在"原始凭证粘贴单"上。"粘贴单"的大小、形状与记账凭证相仿、略小为宜。粘贴时对小票分别排列，适当重叠，但要露出数字和编号，以便于计算和复核。同类、同金额的单据应粘贴在一起，既方便计算，又不容易搞错，同时还美观。

项目七　会计资料的整理技能

图 7-1

　　记账凭证所附原始凭证的顺序应该是：先是单张的面积小于记账凭证的，后事原始凭证粘贴单，最后是折叠过的、纸张较大的原始凭证。

　　数量过多的原始凭证可以单独装订保管（不包括发票），在封面上注明记账凭证日期、编号、种类。同时，在记账凭证上注明原始凭证名称、编号及"附件另订"字样。

　　各种经济合同、存出保证金收据、涉外文件和上级批准文件，应当另编目录，单独登记保管，并在记账凭证或原始凭证上注明批准机关名称、日期和文件字号。

　　会计凭证的装订办法较多，通常的装订办法有"角订法"和"侧订法"等。

1. 角订法

　　要先准备一些装订工具，如铁锥或打孔机、剪刀、铁夹、线绳、糨糊、三角包纸（牛皮纸）等。然后将记账凭证的左、上、下对齐，接着便是加封面并用铁夹夹牢。包角纸的大小一般为边长为 13 厘米的正方形铡去三分之一，如图 7-2 所示；先将包角纸的角对准左上角，反面向上，然后再虚线处打眼，装订，包角。包角的要求是按虚线折叠后，剪去左上角，再在反面涂糨处抹上糨糊，从上方包向背面，再从左方包向背面，然后盖章。如图 7-2 所示。

2. 侧订法

　　侧订法与角订法的不同之处是采用左侧面装订。装订时再加一张纸复在封面上（此封面长，反面朝上），以底边和左侧为准，蹾齐、夹紧，在左侧打三个孔，把线绳的中段从孔中引出，留扣，再把线绳从两端孔引过，并套入中间的留扣中，用力拉紧系好，余绳剪掉。复底纸上涂上糨糊。翻转后将左侧和底部粘牢，晒干后，写好封面有关内容即可存查。如图 7-3 所示。

凭证名称	凭证起讫号码		记账凭证张数	附件张数	备注
	自	至			
附记					

图 7-3

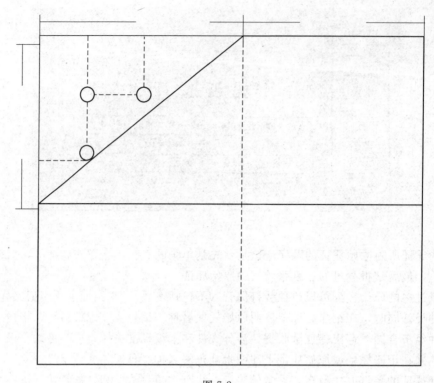

图 7-2

不论采取哪种方法装订，装订线一边的表、单用剪刀把毛边剪齐，这样才能避免订后脱页丢失的现象。装订好的会计凭证要四边成线，应做到有角有棱，坚固，规整。

三、会计凭证的立卷、归档

会计凭证装订以后，应做好如下工作。

（1）认真填写好会计凭证封面，封面各记事栏是事后查账和查证有关事项的最基础的索引和凭证。"启用日期"要把年、月、日写全；"单位名称"要写全称；"本月共××册，本册是××册"要写清楚；"凭证张数"填本册共多少张要写清楚；记账凭证号数"自第×号至第×号"一栏要填写清晰；"保管期限"是按规定要求本册凭证应保管多少年。另外，还要把原始凭证及记账凭证总页数，按照记账凭证所属原始凭证张数加计清点，准确填好数字。装订年、月、日要如实填写。会计主管人员要盖章，装订线应有封口，并加盖齐缝章。

（2）填好卷脊上的项目。卷脊上一般应写上是"某年某月凭证"和案卷号。案卷号主要是为了便于保存和查找，一般由档案管理部门统一编号，卷脊上的编号应与封面案卷号一致。

（3）将装订好的凭证按年统一编流水号，卷号与记账凭证册数编号应当一致，然后入盒，由专人负责保管。

活动练习

1. 会计凭证整理训练。
2. 会计凭证装订方法有哪些？

学习任务二
会计账簿的整理与归档

学生的任务

◇ 要求学生了解会计账簿的内容及分类。
◇ 要求学生掌握会计账簿的整理与归档方法。

教师的任务

◇ 讲解会计账簿的分类。
◇ 指导学生按规范进行会计账簿的整理、装订和归档。
◇ 指导学生完成活动练习。

教学活动　会计账簿的整理与归档

活动目标

要求学生能够按规范进行会计账簿的整理、装订和归档。

知识准备

一、会计账簿的分类

会计账簿也称为会计账册,是记录会计核算过程和结果的载体。会计账簿的形式和种类很多,按照其外表形式分类主要有:"订本式账簿",如总账、日记账(现金日记账、银行存款日记账)等;"活页式账簿",如材料、费用、往来等明细账等;"卡片账簿",如商品保管卡等。按用途分主要有"日记账"、"分类账"、"备查账"。详如图7-4所示。

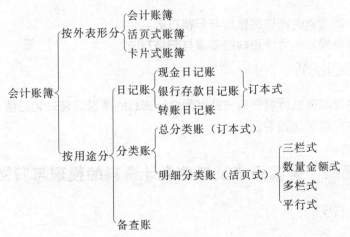

图 7-4

二、会计账簿的整理、归档

会计账簿作为全面、系统、连续地记载各种经济业务的工具，是编制各种财务报告所需要经济资料的主要来源，也是检查、分析和监督单位经济活动和财务收支的依据。因此，会计账簿是储存数据资料的重要会计档案，整理时要做到以下几点。

（1）为保证会计账簿记录的合法性和账簿资料的完整性，明确记账责任，便于查阅，账簿在启用时，都要在账簿的扉页填写"经管人员一览表"和"账户目录"。

（2）对活页账簿，如明细分类账等，在会计年度结束后，要及时加工整理。①在装订前，撤去账夹和空白账页，填齐账户目录页号，还要分不同的会计科目在账页的右上方编上总页数和分页数；②在前后加装会计账簿封面、封底，并在扉页上填写好启用表；③按封面、账簿启用表、账户目录、账页、封底顺序排列，装订成册，封口处加盖装订人名单，账簿卷脊处注明所属年度。

（3）对订本账簿，如日记账、总账等，在会计年度结束后，也要及时加工整理。为了保证账簿的原来面貌，不撤去空白页，但需要在记录账页的最末一行下划红线，以示结束使用，并在账户目录上，详细记录使用账页的页数和空白账页的页数。

（4）认真填写会计账簿案卷的封面。详细写明单位名称、会计年度、账簿名称、账簿编号、本账起讫页次、记账人员和会计主管签名盖章等。

（5）会计账簿一般按年编号，除跨年度使用的账簿外，应按照总账、现金日记账、银行存款日记账、往来明细账、存货明细账、固定资产明细账、收入明细账、成本明细账、其他明细账、辅助明细账、辅助账簿的顺序，编制年度案卷总序号来立卷归档。

活动练习

会计账簿整理训练。

学习任务三
财务报告及其他会计资料的整理与归档

学生的任务

◇ 要求学生掌握财务报告的整理与归档方法。
◇ 要求学生掌握其他会计资料的整理与归档方法。

教师的任务

◇ 指导学生按规范进行财务报告及其他会计资料的整理、装订和归档。
◇ 指导学生完成活动练习。

 教学活动　财务报告及其他会计资料的整理与归档

活动目标

要求学生能够按规范进行财务报告及其他会计资料的整理与归档。

项目七 会计资料的整理技能

 知识准备

一、财务报告的整理、归档

财务报告是反应企业财务状况和经营成果的总结性书面文件,它包括资产负债表、利润表、现金流量表等会计报表、会计报表附注和财务情况说明书等。其中,会计报表是财务报告的主要组成部分。

财务报告的整理立卷的方法如下。

(1) 按月份顺序整理装订成册并编制年度案卷总序号。

(2) 月内按合并会计报表类、汇总会计报表类、本企业财务报告类、个别财务报告类的顺序整理,类内按会计报表、财务情况说明、内部会计报表、财务分析的顺序整理,会计报表按其编号的顺序整理。

(3) 财务报告有月报、季报、年报。所以,一般按月报、季报、年报分别整理、装订、立卷。年终决算报告要单独整理立卷,装订一册,季报和月报,可根据张数多少,立成一卷或数卷。

(4) 平时,月(季)财务报告,由会计主管人员负责保存。年终,将全年财务报告,按月份的时间顺序整理装订成册,登记《会计档案目录》,逐项写明财务报告名称、页数、归档日期等。

(5) 经会计机构负责人审核盖章后,由主管财务报告的人员负责装盒归档。

财务报告的装订应以左上角齐。装订顺序是:①封面;②财务报告说明书;③会计报表;④封底。

二、其他会计资料的整理、归档

其他会计资料包括财务收支计划、工资计算表、银行存款余额调节表和银行对账单、经济活动分析报告、审计报告及比较重要的经济合同等。这些资料不需要全部移交档案部门,有的在一个很长的时间内由财务部门保存,这就需要认真筛选,把收集起来的这些资料,逐件进行鉴别,将需移交档案部门保管存放的,另行组卷装订,按要求移交。

一般来说,其他会计资料应按照银行存款余额调节表和银行对账单类,财务收支计划类,重要合同类,会计档案保管清册和会计档案销毁清册类,会计档案移交清册和查阅登记清册类,增设或合并会计科目说明,会计科目名称对比明细表、会计印章启用交接封存或销毁材料类,财产清查类,经济活动分析、审计报告类等其他应保存的会计核算专业资料的顺序整理立卷,类内按照时间顺序,分册或合并装订,并编制年度案卷总序号。

总之,会计资料的收集整理要规范化。卷脊、封面的内容要按统一的项目印制、填写,封面、盒、袋要统一的尺寸、规格制作。做到收集按范围,整理按规范,装订按标准操作。

活动练习

会计报表整理训练。

附录

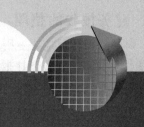

金融职业院校常见综合技能考核标准

学生一般应掌握熟练的三项技能：点钞、翻打传票、汉字录入（五笔字型输入法）。各项基本技能的考核方式及要求如下表所示。

序号	技能名称	技能标准	考核方式	考核时间
1	点钞	优秀：1600张 合格：1200张	单指单张	10分钟
2	翻打传票	优秀：13题 合格：10题	20页为一题，每题20组数据。时间到但未计算完毕的题不计成绩	10分钟
3	汉字录入	优秀：80个/分钟 合格：60个/分钟	使用汉字录入速度测试软件，随机指定文章。准确率要求达98%以上	10分钟

点钞技能考核标准
（单指单张）

一、试题内容

用整把1元券或练功券，完成拆把、点数、扎把、盖章等四道工序，计实点张数。扎把盖章必须在考核时间内完成。

二、质量要求

整把票币要做到点准（预置差错全部发现）、挑净（无夹板）、蹾齐（无折角、不露头）、捆紧（腰条扎紧）、盖章清楚（行号、姓名清晰可辨）。

三、考核时间

10分钟，限时不限量。

四、成绩评定

优秀成绩：1600张。
合格成绩：1200张。

五、评分标准

1. 点数准确，差错处理程序符合规定，预置差错全部发现。
2. 发生下列情况之一者，取消该项（段）成绩：
（1）差错未全部发现；

(2) 点出假错；

(3) 跟错腰条；

(4) 已点尾数计数有误；

(5) 串用指法（含复点差错）；

(6) 失手散把放弃不点；

(7) 不听口令先操作或延长时间；

(8) 违反考核纪律或规则。

3. 发生下列情况之一者，每把减计成绩 10 张：

(1) 钱把蹾不齐（露头部分呈梯形，上下错位 5 毫米以上）；

(2) 捆不紧（上面一张轻轻一提就能滑出）；

(3) 腰条盖章不清（姓名或行号有一项不清，两项均不清减计 20 张）。

4. 发生下列情况之一者，该把不计成绩：

(1) 已点把未盖章；

(2) 已点把捆不紧而造成散把。

5. "停"令发出后，未完成工序部分的成绩计算规定：

(1) 整把票币已点数未扎把，按把数的 80% 计算成绩；

(2) 已捆把未盖章，按 90% 计算成绩；

(3) 已点的尾数部分，按已点张数的 80% 计算成绩。

翻打传票技能考核标准

一、传票标准

(1) 对角五行式百张传票，每张传票对角同型号各印五行 4~7 位的数字，其中小数点后 2 位，小数点前 2~5 位。

(2) 小数点前从右往左每隔 3 位加一个千分位号，每把钞票中 4 位、5 位、6 位和 7 位的数字出现概率各占 25%，随机分布。

(3) 型号和页码印在右上角，数字顺序号印在数字之前，由学生将每 20 张传票中顺序号相同的数字相加并将结果填写在答题表中。

二、考核时间

10 分钟。

三、成绩评定

优秀：130 分。

合格：100 分。

四、评分标准

1. 一组全对得 10 分。

2. 金额不准的，一组一个以上答案的，小数点错（漏）的，全组不得分。

参 考 文 献

［1］赵杰，林迎春，杨荣华. 财经岗位基本技能与实训. 北京：经济科学出版社，2012.
［2］方秀丽，陈光荣，包可栋. 反假货币技术. 中国金融出版社，2008.
［3］中国人民银行官方网站，http://www.pbc.gov.cn/.